MGTOW

I0481126

Construyendo Riqueza y Poder

Solo Para Hombres Solteros

Por Timothy Patten

Traducción Inglés al Español por Ernesto García

ISBN-13:
978-1983742118

ISBN-10:
1983742112

Imagen de Portada: © Ardee Arollado

Modelo Masculino: K Andrew Stiles

MGTOW
CONSTRUYENDO RIQUEZA Y PODER

POR TIM PATTEN
Traducción Inglés al Español por Ernesto García

SOLO PARA HOMBRES SOLTEROS

Contenido

Introducción

MGTOW, *Construyendo Riqueza y Poder* es tanto una celebración de la masculinidad moderna como una guía práctica para asegurar que los hombres como nosotros experimentemos satisfacción de largo plazo y que tengamos un mejor futuro financiero. Dentro de este libro hay técnicas de inversión que funcionan; rindiendo homenaje al masivo movimiento social de los hombres, que termina con los enredos y mejora la felicidad en la soltería. Este libro incluye perspectivas empoderantes sobre el patriarcado, el poder, la masculinidad y los secretos antiguos de la creatividad, así como estrategias prácticas para administrar nuestro dinero y acumular riqueza. También se incluyen dos historias para la fogata --solo para tus oídos-- que dan lecciones sobre reorientarnos hacia una experiencia más productiva e iluminada.

Los hombres son los seres más notables e innovadores en la tierra. Hemos dominado cada aspecto del mundo, desde controlar el fuego hasta aterrizar una sonda espacial en un cometa en movimiento. El autor espera que este libro les inspire a hacer uso de ese poder innato y ayude a alcanzar las metas que hemos soñado y esperado, pero esto es difícil de lograr sin primero tomar ciertos pasos. A lo largo de la historia, el contar con suficientes recursos --dinero-- les ha permitido a los hombres ser libres y poderosos. En este libro hay estímulo para que todos ustedes presupuesten, ahorren e inviertan.

DESCARGO

El contenido de este libro no es sustituto de representación profesional por parte de un especialista financiero. Bajo ninguna circunstancia el autor, sus principales, o cualquiera de sus afiliados, o cualquier ajustador, abogado o asesor enlistado aquí, será responsable por (1) cualquier información contenida en u omitida en este contenido, (2) la dependencia de cualquier persona de cualquier información tal, ya sea o no que la información sea correcta, actualizada o completa, (3) la satisfacción de cualquier persona con cualquier servicio financiero, abogado o asesor, ya sea en lo relativo a su competencia, diligencia o cualquier otro aspecto, ya sea o no que sean anunciantes en este sitio, (4) los resultados de cualquier sugerencia dada por o en representación de cualquier ajustador público, especialista, abogado o asesor, (5) las consecuencias financieras de cualquier inversión efectuada por el lector (6) las consecuencias de cualquier acción que usted o cualquier otra persona tome o no tome, ya sea o no que se base en información proporcionada por o como resultado del uso de este libro.

En cualquier emprendimiento de estudios de género, todos debemos darnos cuenta de que la gente son individuos y que no todos los hombres son exactamente similares a los hombres a quienes se hace referencia aquí y no todas las mujeres son similares a las mujeres a quienes se hace referencia aquí.

Los personajes en este libro son personas reales en situaciones reales de relación. Se han cambiado los nombres y lugares.

CAPÍTULO 1
¿QUÉ ES MGTOW?

MEN GOING THEIR OWN WAY (MGTOW) u *Hombres Tomando Su Propio Camino* es un fenómeno mundial de rápido crecimiento que se basa en una filosofía que puede usarse para que los hombres tomen control de su propia libertad personal y futuro. Se le ha señalado como el movimiento de liberación masculina moderno, que les emancipa en tanto género de la sumisión. MGTOW es un estilo de vida que libera a los hombres de las tradiciones patriarcales respecto a expectativas para las citas, enredos de vida y el matrimonio. Libera a los hombres de una vida de trabajo agobiante, desperdicio de recursos personales y costoso cansancio emocional, usualmente entregados a compañeras, novias o esposas tóxicas.

La Pastilla Roja

A veces se le llama a MGTOW "Tomar la Pastilla Roja". Justo como en *The Matrix*, la Pastilla Roja le permite, a aquellos que la ingieren, ver la sorprendente realidad detrás de la vida convencional juntos y la ideología falsa del matrimonio. El feminismo le enseña a la gente a desarrollar un lente crítico al ver al mundo y los roles y tareas en los que se participa en cualquier vida y rutina. Entonces, la gente puede afrontar dominación y opresión. Esto requiere esfuerzo. Esto es exactamente lo que los hombres hacen cuando toman la Pastilla Roja. MGTOW abre los ojos de hombres ordinarios hacia una perspectiva fresca, una claridad. Los hombres conocerán nuevas posibilidades después de ver la dolorosa verdad sobre que los que los hombres han servido con un orden social jerárquico que les impone expectativas y directrices abusivas.

Conciencia Global de Dominación Geocéntrica

MGTOW es un creciente paradigma global de concienciación que ayuda a los hombres a evitar relaciones peligrosas dentro de una sociedad Geocéntrica. Para el propósito de este libro, sociedad Geocéntrica significa aquella que exalta las necesidades físicas, financieras y emocionales de las mujeres sobre todas las otras. MGTOW ve al mundo mediante lentes críticos Gino céntricos, o enfocando tus binoculares tal como enseñan los estudios de género de nivel universitario. A menudo, los individuos descubren el mensaje MGTOW después de que una relación convencional se torna nociva y les causa enojo o dolor profundo.

Algunos, más no todos los hombres MGTOW se adscriben a estos ideales

A. Rechazar y Liberar al yo del reglamento Matriarcal de enredos y citas

B. **Boicotear el matrimonio y la co-habitación,** y en su lugar valorar mi propia vida en mis propios términos

C. Rechazo del rol como único proveedor, protector o borrico de carga en las relaciones

D. Reconocer la realidad financiera de las relaciones de hoy en día, así como de las del futuro

E. Evitar los costos de criar niños; vetar el mandamiento de Dios de "creced y multiplicaros"

F. Desafiar **las técnicas y eslóganes de avergonzamiento de lo masculino en la sociedad**

Cada miembro de MGTOW *no puede* ser etiquetado casualmente. Esto resultaría en una caracterización inexacta e injusta de las ideas, experiencias, conocimiento, pasiones e historiales únicos de cada miembro de MGTOW. MGTOW es un fenómeno que no discrimina por edad, etnicidad, afiliación política ni otros factores irrelevantes. Hay millones en todo el mundo que valoran una vida de aceptación individual y libertad. Esta inclusión con libertad, es un valor central de Men Going Their Own Way.

Historia de MGTOW

La soltería no es cosa nueva. Hasta el Apóstol Pablo hizo la observación de que las esposas y la familia pueden ser un estorbo. La ola actual de actividad MGTOW podría haber sido inspirada por los Herbívoros Japoneses --- Japanese Herbivores, o "come pasto". Estos son hombres que evitan las relaciones maritales y románticas permanentes. La referencia más temprana a los preceptos de MGTOW como estilo de vida organizado fue de un registro en un periódico occidental en 1835. Hombres herbívoros, el término en sí, fue acuñado inicialmente por Maki Fukasawa en un artículo publicado el 13 de oct. de 2006. MGTOW se hizo un término popular en 2008 y 2009. Desde entonces, MGTOW se ha diseminado a toda nación principal.

Educación MGTOW

Los hombres tienen que buscar educación y comunidad de MGTOW donde las puedan encontrar. Sin movimientos políticos o estudios de mujeres y género que enseñen a los hombres algunos de estos conceptos, los hombres podrán no estar expuestos a estas ideas; no se las enseña en las escuelas, ni siquiera se las menciona o piensa en lo general. Es raro toparse con alguno de estos conceptos a menos que los busques activamente. Un buen sitio para comenzar es en línea, estas florecen en Internet donde se ha formado una esfera instructiva y de apoyo. Es una comunidad de intercambio que alimenta la conexión y conciencia. Las redes sociales (Facebook, Reddit, YouTube, foros, etc.) permiten que la población MGTOW y las partes interesadas entren en contacto.

Alrededor de 2008, los fracasos maritales y dificultades de relación se compartían públicamente en variados sitios de redes sociales, como YouTube. Hombres anónimos con pseudónimos tales como Stardusk, Spetsnaz, Sandman y Barbarossa fueron algunos de los innovadores progresistas del fenómeno MGTOW en YouTube. Sus videos cambiaron el paradigma de la naturaleza femenina entendida, y los videos despertaron gran interés. Sus ideas de cambio social se propagaron rápidamente a otros. Ahora YouTube tiene cientos de videos que ofrecen una dosis diaria de la Pastilla Roja. Esta visión iluminada de la independencia es mantenida principalmente por una hermandad de hombres distintiva.

Los sitios web dedicados a este estilo de vida individual son **www.MGTOW.com**, Shedding the Ego (**http://sheddingoftheego.com**) y Happy Bachelors' Forum (http://**happybachelorsforum**.com).

Mitos Comunes

1) **Derechos de los hombres:** Algunos creen que MGTOW es una ideología derivada del Activismo de Derechos de los Hombres (Men's Rights Advocacy – MRA). Previamente, MGTOW se había presentado a través de conexiones MRA. No obstante, en la actualidad, la mayoría de los individuos descubren el mensaje a través de medios y redes sociales de MGTOW. Millones han descubierto el estilo de vida MGTOW, y algunos ciertamente *no* son activistas políticos de asuntos de derechos de los hombres, y en su lugar se concentran en prosperar dentro de la sociedad existente.

2) **Asexuales:** Hay quienes afirman que MGTOW prohíbe el sexo con las mujeres o que es una especie de embargo que castiga a las mujeres. Un pequeño grupo de MGTOW podrá ser asexual, pero la mayoría continúa relaciones sexuales con mujeres y no tiene interés alguno en castigar a las mujeres.

3) **Anti-Sociales**: Otras personas creen que estos hombres son ermitaños y que quieren alejarse de la situación. Los MGTOW están en todas partes y llevan vidas ordinarias.

4) **Odio:** Se considera erróneamente a MGTOW como "odio contra las mujeres", así como algo "misógino". Pero estos hombres en realidad están descubriendo la libertad, el cumplimiento de sus sueños, el sexo y el amor todo a la vez que evaden las proverbiales balas de una cultura que intenta reforzar las maquinaciones tradicionales de citas y matrimonio. Si bien los miembros de MGTOW aman a las mujeres, este es un fenómeno sobre el empoderamiento y la provisión de un lugar seguro para los hombres jóvenes. Algunos

MGTOW han enfrentado penuria financiera, física o emocional en relaciones, matrimonios y divorcios, para entonces encontrar en MGTOW apoyo emocional. Se les brinda un lugar seguro para desahogarse y entonces re-evaluar sus valores de vida.

5) **Hacer Retroceder a la Sociedad:** Hay quien piensa que MGTOW es un intento para hacer retroceder a la sociedad, al crear una sociedad de propiedad marital y opresión a las mujeres. En realidad, MGTOW hace progresar a la sociedad masculina a la vez que cultiva relaciones de calidad entre los sexos. Esta crea un futuro alternativo para los hombres de todos tipos y edades, y es una fuerza liberadora para los hombres jóvenes, mostrándoles un camino posible de vivir antes de que esos hombres jóvenes terminen sufriendo las injurias de los roles masculinos tradiciones y el abuso de la relación marital.

6) **Gay, Guagua o Marica:** La mayoría de la población MGTOW es heterosexual, pero es inclusiva a las personas trans y gay. Todos tienen citas y disfrutan de las mujeres y parejas sexuales, pero evitan cualquier arreglo de vida que empantane sus ambiciones de vida y su libertad. Estos individuos no lloriquean sus lesiones previas, en su lugar se empoderan para su destino. Cada individuo MGTOW crea su propio camino.

Los capítulos que siguen están dedicados a los *millennials,* así como a cualquier hombre liberado que ha tomado o que pudiera tomar la Pastilla Roja. Sin importar por cuánto tiempo el lector ha desviado su lente social, la intención del autor es que algunos de estos capítulos les hablen personalmente, y que sean de ayuda en descubrir el gozo, la riqueza y el poder individual.

* * *

Capítulo 2
El Patriarcado No Tiene Género

Cómo el Patriarcado Ha J*dido A Los Hombres

Sean bienvenidos: MGTOW, solteros, hombres Herbívoros y demás interesados. Antes de emprender nuestro viaje a la gran riqueza, examinaremos una hermandad compartida: el patriarcado. Ahondaremos en la masculinidad, las herramientas de carácter y conoceremos el romance universitario de Jade, luego comenzaremos a contar nuestro dinero.

Desde el inicio de la humanidad, nosotros los hombres hemos estado bajo presión para estar a la altura de estándares de masculinidad imposibles. Se nos educa para ser fuertes, poderosos y atléticos. Se espera que seamos ricos y sin emociones. Cuando no cumplimos (o nos negamos a cumplir) con esos estándares fabricados, nos arriesgamos a dañar nuestra propia sensación de valor. Lo que es peor, la presión para cumplir con una versión idealizada de hombría puede suscitar gran estrés y evocar intensos sentimientos de vergüenza, ansiedad, depresión y en los casos más extremos, puede invocar tendencias suicidas.

Esta noción de "patriarcado" asume que nosotros, los hombres, debemos de figurar en la punta de la cadena de poder, proporcionando y cuidando a las mujeres y niños a lo largo de nuestras vidas. Aunque varios movimientos han buscado tratar cómo es que este marco oprime a las mujeres, los efectos en nosotros los hombres raramente se exploran, por no decir nunca. Hasta que nuestras batallas se visibilicen, poco o nada se podrá hacer para corregir este desbalance y atender lo que es, y siempre ha sido una carga incesante.

Para llamar la atención a este problema, resulta necesario primero comprender quién es responsable de acorralar a los hombres a los confines de la masculinidad hegemónica. En su mayor parte, la "Guardia" de los géneros es algo que todo mundo hace, ya sea que se den cuenta de ello o no. Efectivamente, la mayoría del tiempo esto se refrenda por parte de las personas a quienes amamos, incluyendo las mujeres que muchos de nosotros nos pasamos la vida persiguiendo. No todas las mujeres ponen tal carga de expectativas en los hombres. Empero, muchas novias, esposas y compañeras románticas blanden este poder sobre nosotros como espada de combate. Sin percatarse siquiera.

Las Mujeres que Perpetúan el Patriarcado

¿Es que las mujeres libran una batalla secreta contra los hombres? Irónicamente, es el así llamado 'sexo débil' quienes ahora asumen el rol dominante en relaciones íntimas y de otro tipo. Las mujeres se han tomado en serio el rol de corregir y disciplinar a los hombres, en la misma forma en que reprenderían y regañarían a niños pequeños. Ellas dicen cosas como: "Es un niño pequeño que necesita crecer y actuar como un hombre". El arma que escogen es la agudeza de su lengua. Muchas son expertas en infligir dolor emocional tan solo con las palabras. Las mujeres emplean tácticas como avergonzar y atosigar, lo que puede fomentar la inseguridad masculina, y forzar incluso hasta a los hombres más seguros de sí mismos e independientes, a la sumisión –o a algo peor. Un estudio de 2014 descubrió, por ejemplo, ¡qué tal abuso verbal era comúnmente un catalizador para suicidios de esposos!

Ya, claro, algunas mujeres no se dan cuenta necesariamente del impacto mutilante que la violencia verbal puede tener en su marido o pareja. De igual forma que con el patriarcado y otras construcciones similares, ciegamente se les conduce a creer que hay ciertas formas de pensar y actuar que son las apropiadas y responsables. Aunque no lo sean. Y ya que ellas por diversas razones, no han estado sujetas a tal abuso, tienen poca o ninguna comprensión del daño que puede causar un comportamiento tan irreflexivo. Esto no significa que se ha descontar a todas las mujeres. Sin duda, muchas mujeres están conscientes de las consecuencias de sus acciones, y ejercen el poder del abuso verbal como herramienta para avanzar en sus objetivos. Así que no importa si una persona que participa en el abuso verbal está enterada de todos los estudios a largo plazo sobre lo que tal cosa puede causar, o si no está al tanto; el uso de tal comportamiento es problema de la abusadora. La responsabilidad de cambiar solo estará en tal persona.

Otra paradoja acerca del patriarcado es que este ha generado amplios movimientos sociales, los que asumen la idea de que las mujeres son más valiosas que los hombres. La supuesta teoría tras tales campañas yace en equilibrar el terreno de juego entre los hombres y las mujeres; en realidad las campañas suelen ser secuestradas por extremistas y personas mal informadas. La acción pro-igualdad de los sexos se hace una cruzada para imponer una ventaja femenina. Los así llamados movimientos feministas han devenido en campañas de odio a los hombres para supremacía de género. En tanto que las mujeres intentan hacer que su propósito suene noble, sus palabras suelen traicionarles. Tan solo considera su grito de guerra en los medios populares:

> "R.E.S.P.E.C.T. ... Soy mujer ... Escúchame rugir ... Las damas primero... Este es un mundo de mujeres... Nadie nos detendrá... Ella domina todo acceso... No eres mi dueño... Estamos a cargo, soberano... Si te ha gustado, échame el anillo... ¿Quién controla el mundo? ¡LAS CHICAS!.."

Desafortunadamente, las imperativas biológicas dificultan y complican aún más la situación. Los hombres cumplen sin chistar con las demandas irracionales y excesivas de las mujeres, ya que les motivan impulsos poderosos e instintivos, como el sexo. La sociedad ve esto como una forma de coerción aceptable. Nosotros los hombres así nos doblegamos a la sumisión, sacrificando nuestra salud a largo plazo y bienestar financiero... con la falsa creencia de que la intimidad física es nuestra recompensa por "portarnos bien". En muchos aspectos, nos hemos convertido en "mendigantes de vagina", siguiendo como ratoncito una ruta peligrosa, que al final se evidencia fatal.

En tanto que las mujeres que apoyan ese comportamiento pudieran no necesariamente ser culpables de la creación de tal marco, parece claro que muchas mujeres están felices de marchar a este tambor, sin la previsión de pensar las cosas de inicio a fin. Sin duda, la noción de patriarcado lleva mucho tiempo establecida, pero con seguridad habrían de asumir cierta responsabilidad por permitirla propagar e influenciar las estructuras de poder en nuestros hogares y vidas hoy.

Un gran número de nosotros, los hombres, ya no aceptamos este arreglo. Hemos tomado la firme decisión de no someternos a los estándares imposibles que se diseñan únicamente para usar a los hombres como una herramienta, cosa que usualmente hace que el hombre que lucha en este rol, intentando ser "bueno", se sienta menos hombre con el paso del tiempo. Millones han "tomado la Pastilla Roja" --Los Men Going Their Own Way (MGTOW), solteros, hombres Herbívoros y otros--han determinado abandonar estas reglas y nociones de tradición malinterpretada. Sencillamente, ya no reconocemos la batalla de los sexos ni la lucha por la supremacía de género. Nos negamos a aceptar estructuras de relación que dejan a los hombres y las mujeres enfrentados. A partir de ahora, los hombres podemos escoger estar libres de las sofocantes restricciones de las mujeres, y ya no estar lazados por principios arcaicos y expectativas irreales.

El Inicio de los Humanos

¿Dónde comenzó la masculinidad? Los científicos en muchas disciplinas estiman que los seres humanos primero aparecieron en África hace unos 200,000 años. Usando evidencia derivada de los estudios de arqueología, geografía y primatología, los expertos dan la hipótesis sobre ciertas dinámicas sociales de nuestros ancestros tribales. En prácticamente todos los casos, el rol del macho era el de proveedor y protector, con una fortaleza y audacia que eran cruciales para la sobrevivencia de su tribu.

Los primeros humanos no podrían sobrevivir sin insumos de sobrevivencia ganados a gran esfuerzo. Esto naturalmente llevó a la evolución de una jerarquía social y los miembros de la tribu asumieron tareas determinadas por una variedad de características tales como aptitud, rol social y otras demandas de tiempo y habilidad. La familia requería comida, así que todos buscaban alimento. No obstante, tan solo eran los hombres quienes poseían las capacidades físicas y mentales (de memoria-espaciales) que les permitían hacerse cazadores expertos. Tan solo los más admirados, físicamente aptos y respetados tenían la capacidad de traer a casa nuevas capturas. Aquellos que no podían, se consideraban inadecuados y se les asignaban roles secundarios, generalmente menos estimados. Los cazadores exitosos fueron los primeros machos alfa de nuestra especie, comparados con los sostenes económicos de hoy en día--los que "traen el pan a casa".

No hay duda de que la evolución del macho alfa fue inevitable y, necesaria en ese momento, ya que este era responsable de abrirse camino, sobreviviendo en un terreno peligroso y desconocido. Por virtud de su importancia para la tribu, los hombres más grandes y fuertes se pudieron reproducir mucho más, generación tras generación. Todos sabían quiénes eran. Se les podía notar a la distancia solo observando su tono y estatura. Al paso del tiempo, sus descendientes también se hicieron cazadores como rito de transición; no era de sorprender que estos solieran ser más grandes y fornidos que los descendientes de los menos aventajados.

Inicialmente, por cuestión de sobrevivencia, y luego como asunto de condicionamiento cultural, se hizo menos a los hombres que tenían menos tamaño, que eran más delgados y débiles que los "hombres de verdad". Los hombres estaban ahí para proteger y abastecer a sus familias, y, a los miembros del clan de ese género que frecuentemente se enfermaban o que sufrían lesiones o discapacidad, los veían, tanto los hombres como las mujeres, como pertenecientes a los grados inferiores de la sociedad. Naturalmente, esto incentivaba a incluso a los machos alfa más poderosos y respetados a suprimir cualquier viso o evidencia de enfermedad, lesión u otras limitaciones.

El peor miedo de un hombre era ser percibido como cualquier cosa que no fuera ideal y fuerte; cualquier indicio de que pudiera parecerse a una mujer, ya sea a causa de la pasividad o el afeminamiento, era un insulto humillante y devastador. Cualquier debilidad podía conducir al conflicto y la posible muerte. Los hombres vivían en un estado de miedo perpetuo a ser percibidos como débiles o no aptos. Con el tiempo, estas y otras perspectivas se consolidaron en el marco de la jerarquía patriarcal, en donde todos los hombres se medían contra el arquetipo del macho alfa. Aquellos en la cima eran venerados y se les recompensaba; aquellos en la base eran ignorados o maltratados. Los varones no aptos, pequeños, anormales o discapacitados eran humillados, ya que no podían realizar lo que se veía como los roles más útiles. Estos rendían homenaje al alfa y le seguían como su líder.

Los hombres ordinarios de la tribu aprendían su rol en el rango y fila. Pero esto no necesariamente significaba que aceptaban su destino ciegamente. La presión para conformarse a las expectativas de la tribu o sucumbir ante los que sí lo hacían, creaba ansiedad sinfín en su interior. Los hombres ordinarios siempre estaban cuidando de su posición en el clan, e, irónicamente, no eran solo los de más abajo quienes sufrían. Los machos alfa siempre corrían el riesgo y estaban alerta a nuevos retos, provenientes de hombres más jóvenes y fuertes. Nunca podían saber quién saldría a retarles, o cuándo habría de pasar. La posibilidad de conflicto violento siempre estaba presente, evocando así un tipo de ansiedad completo y mucho más persistente.

Los hombres aprendieron a jamás admitir debilidad o yerro, ni podían hablar de tales asuntos. La enorme presión inevitablemente llevaba al desánimo y la depresión. Algunos hombres comenzaron a participar en búsquedas irresponsables, las más de las veces, auto-destructivas. Y algunos se suicidaron. Esto se hizo un ciclo peligroso, que persiste hasta nuestros días.

El Espejo para los Hombres

De la misma forma en que los roles de los hombres se institucionalizaron con claridad, de acuerdo a su posición en la tribu, la necesidad que tenía una mujer de comida y seguridad, así como su rol en el proceso reproductivo, parecían solidificarse en los roles esperados. Conforme estos roles se arraigaban en la sociedad, el proceso completo reforzaba este comportamiento; evolucionando así en el patriarcado. La sociedad en general buscaba a los hombres más fuertes y físicamente desarrollados. Las mujeres vivían en constante miedo de violación y brutalidad. En consecuencia, se habían de asir de las alfas como la flora y fauna que se queda en un oasis en el desierto. Las alfas podían tener múltiples mujeres. Algunas mujeres solo deseaban entregarse a estos "hombres de verdad" para poder sobrevivir. Sobra decirlo, los individuos que eran objeto de tales deseos no podían sino responder y actuar. Los egos de los machos alfa crecían, lo mismo que sus urgencias biológicas. Los hombres de abajo recibían solo migajas. Los no-alfa vivían con el terror sinfín de ser los últimos formados para tener comida, calor y mujeres.

Pero, la mayoría de los machos también competían por la atención de las mujeres. Aunque los miembros más débiles jamás podrían esperar ganar la atención de las mujeres más deseables, los que más se aproximaban a los rasgos de el alfa sentían la presión de validar su masculinidad, a costa de sus pares. La urgencia por reproducirse y asegurar la subsistencia de sus genes para siempre era una poderosa fuerza conductora; las mujeres que habrían de dar niños a los hombres eran codiciadas. Y si bien el número de emparejamientos sexuales servían para medir el rango y capacidades de un hombre, con frecuencia, era la mujer quien decidía qué pareja era o no era buena para usar en la reproducción.

En consecuencia, podemos ver que estas dinámicas sociales impulsaron, incluso a esos machos que eran menos que alfa, a hacer grandes esfuerzos para atraer a hembras y complacerles de cualquier forma que pudiesen. Tal interés les ayudaría a vencer otras deficiencias de lo masculino, y así validar su masculinidad. Por ejemplo, si ella lo notara a él, le guiñara o sonriera, era como si su estatus en tanto hombre de repente hubiera mejorado. Si él tuviera a mujeres persiguiéndole, otros podrían percibirle como *non plus ultra*, aún si, por una medida u otra, no lo fuera.

Siglos de Historia

A lo largo de los siglos, los machos alfa se hicieron los líderes, reyes, faraones y emperadores, ganando y expandiendo su poder sobre otros. Ya fuera por la fuerza o por la simple mala suerte de su estatus, los hombres en los estratos más bajos resultaron obligados, en algunos casos en forma literal, a apoyar y reverenciar a los que estaban arriba. Los hombres construyeron monumentos, palacios, santuarios religiosos y trabajaron para crear las maravillas del mundo. Yendo de las grandes Pirámides de Egipto, los Jardines Colgantes de Babilonia, hasta la Estatua de Zeus en Grecia – los hombres pequeños trabajaron duro, como esclavos. Más, no se trataba únicamente de constructores. Muchos fueron seleccionados o cooptados para librar cruentas guerras y responder a amenazas violentas de naciones y líderes rivales. Se ha derramado mucha sangre, muchas vidas han resultado quebradas, y se han derrumbado civilizaciones enteras en el nombre de los auténticos hombres.

Los masculinos no elegibles para el rol de guerrero o soldado u otros lances masculinos, buscaron otras formas para servir para así compensar sus deficiencias. Muchos se hicieron artistas, inventores y mercaderes, o cultivaron habilidades que pudieran, de una forma u otra, proporcionar un beneficio a la sociedad. Ahora, además de su rol omnipotente de 'madre', el cual las mujeres habían disfrutado de forma exclusiva por eones, la preparación de comida y cuidado de la casa eran las principales labores de las mujeres. La maternidad se disfrutaba y hubo quienes torcieron este rol para su propio beneficio. Ya fuese porque los hombres hubieran estado mejor condicionados o porque tuvieran capacidades innatas que no compartían con las mujeres, la masculinidad ha sido un valor institucionalizado que ha corrido en la construcción de grandes ciudades y grandes países. La masculinidad ha desarrollado los accesorios confiables de la vida diaria y el genio tecnológico que ha lanzado a astronautas al espacio y naves espaciales a Marte.

Los Hombres de Hoy

La civilización se ha desarrollado hacia metrópolis gigantes, cada una interconectada con la otra mediante suministros, tecnología, cultura y transporte rápido. No obstante, los artificios y el marco de nuestro pasado patriarcal siguen con nosotros como las ruinas de las ciudades muertas hechas de barro. Los hombres estamos atrapados en una charada interminable de intentar probar a las mujeres y a otros nuestro valor, de acuerdo con valores prehistóricos. Mientras tanto, la mayoría siguen siendo participantes voluntarios en lo que se ha hecho la versión moderna de la batalla entre los sexos. Las mujeres explotan su propia sexualidad y nos tientan y prueban con las demandas unilaterales de una relación diseñada totalmente bajo su interés. Con interminables quejas y alegatos, les gusta ver cómo aguantamos la presión; si fallamos, ellas entonces cambian y buscan a un hombre al que puedan controlar. Ellas examinan cuánto pueden aprovecharse de las muchas restricciones que se les han apilado encima a los hombres desde los días más tempranos de la humanidad.

El Costo de Ser Su Rey

Huelga decir, entre más atractiva la femenina, más poder ejerce sobre nosotros, los hombres. Urgidos por los poderosos instintos que son esenciales para la sobrevivencia de nuestra especie, hemos elevado a las mujeres hermosas al estatus de diosas, y las adoramos como si ser compañía sexual fuera nuestro único propósito. Un hombre hará lo que sea por una mujer si ella lo hace sentir masculino, ya signifique eso laborar hora tras hora en inmundos trabajos, o dotarla de todos los lujos que ella demande, o pelear con otros para probar nuestra lealtad. Con frecuencia se espera que los hombres paguen por su atención. Si él sospecha que le falta en cierta manera, sentirá el impulso por compensar, para así no quedar en la humillante posición de quedar sin una relación que valide su estatus.

Ya que la mayoría de mujeres por naturaleza son débiles y vulnerables ante la violencia física, muchas lógicamente ansían la seguridad que solo un 'hombre real' puede ofrecerles. Algunas mujeres voluntariamente impulsan a sus hombres a situaciones peligrosas o difíciles para que puedan "probar" que son protectores rudos y fuertes como los de antes. El ejemplo clásico de este estereotipo de "protector" es la historia de la "damisela en apuros". Siempre que una mujer se halla en una situación de la que parece no poder librarse, o incluso cuando ella finge miedo o angustia, esto puede invocar una reacción de "superhombre" en los varones. Cuando las mujeres piden ayuda o acusan una violación, nuestras vísceras se estrujan, nuestra empatía se dispara, y automática y rápidamente nos lanzamos al auxilio. Estas son técnicas que las mujeres han usado desde el inicio de los tiempos para invocar compasión para sus necesidades físicas, lo mismo que sus causas emocionales y políticas. Como los machos alfa de las tribus antiguas, los hombres pueden ser el héroe que la rescata a ella de las fuerzas oscuras de la vida. Tristemente, la única recompensa que ella pudiera dar por esto, sería una sonrisa o un beso en la mejilla.

La naturaleza y rol central de la mayoría de las mujeres respecto a criar niños ha reforzado inevitablemente una creencia entre ambos sexos respecto a que a las mujeres se les debe proteger y proveer, y que ya sea los hombres o el gobierno han de asumir este rol. Pero somos los hombres, quienes continuamente debemos de probar nuestras intenciones y nuestra habilidad para realizar las funciones para las que supuestamente fuimos diseñados. Ya sea pagando las flores, citas románticas, caros anillos de diamantes o fastuosas bodas; debemos de convencer a las mujeres de que podemos estar a la medida de las responsabilidades "de un buen hombre" --y mucho más. Como con otras construcciones de la jerarquía patriarcal, las beneficiarias de tal tratamiento han sido condicionadas para esperar tanto, porque nuestra cultura dice que así es cómo se comportan los hombres de verdad. Desde el momento en que las jovencitas ven su primera película de princesa Disney, a las mujeres se les enseña que deben ser tratadas como realeza.

Los Hombres Entregaron el Poder

Las realidades distorsionadas de nuestro pasado patriarcal y las incesantes presiones de la masculinidad hegemónica nos han, sin rodeos, jodido a los hombres. Si bien algunas mujeres podrán afirmar que están en contra de un sistema así--y con algunas sinceramente siéndolo--el que no tomen ni la distancia ni el tiempo para comprender el rol que han jugado sus palabras, acciones, y pensamiento, en crear tal situación, solo sirve para perpetuar nuestra miseria. Muchos de nosotros nos hemos convertido en perritos falderos del abuso femenino, sin posibilidad de liberarnos de las pesadas cadenas que continuamente nos sobajan.

En décadas recientes, en vez de equidad, la mayoría de mujeres han buscado ventaja. Muchas, han ejercido osadamente su poder e influencia seductora para someternos a los hombres, y manipularnos hacia la sumisión y obediencia. Las mujeres nos humillan públicamente, diciéndole a quienquiera que oiga, cuán estúpidos, infantiles, incapaces e incompetentes somos. Tristemente, no es raro que un hombre se vea impulsado a quitarse la vida tan solo para escapar del continuo castigo verbal de una esposa machacona. Si es que sobrevivimos al ataque verbal en el matrimonio, cuando nos divorciamos, esta es otra razón principal por la que nos suicidamos. La misandria rampante está en todas partes --en los medios, en las escuelas, en el trabajo y en nuestras casas. Los medios son revanchistas, usando sin descanso a los hombres como el blanco de las bromas. Las mujeres han definido el estatus del hombre y el lugar en el que se le ubica en el orden general de las cosas. Ellas acechan nuestras vulnerabilidades y utilizan sus ardides femeninos para perpetuar estereotipos grotescos, así como una destructiva dependencia en una intimidad asimétrica.

Liberación: Descubrir la Felicidad

Más, en palabras del cantautor Bob Dylan, *los tiempos están cambiando*. Tantos años de denigración y ataques finalmente se cobran, y muchos de nosotros entre los hombres hemos comenzado a hacer preguntas. ¿Es que merecemos ser tratados tan pobremente? ¿Nuestras necesidades son serviles a las de ellas? ¿Tan solo somos sirvientes sobajados, esperando en sumisión, completamente al servicio y la orden de las mujeres? ¿Tenemos que quedarnos impávidos al ser totalmente marginados, como los hombres en las aldeas matriarcales en África cuyas líderes, todas mujeres, recientemente han relegado a todos los hombres a los peldaños más bajos de la escalera social? ¿Nos reduciremos a apenas "hombre-vaginas", siendo manipulados de forma caprichosa y negligente, al antojo de nuestras captoras femeninas?

Para un número creciente de hombres, la respuesta a eso es un sonoro "¡no!". Tras siglos de esclavitud, ¡estamos furiosos! ¡Ya no lo aceptaremos! Un tsunami de soberanía recorre el planeta y tomamos la proverbial espada de la oportunidad para iluminarnos. Demandamos liberación de la prisión de un orden social primitivo y arcaico. Los hombres se expresan y buscan empoderar a otros hombres para liberarse de las cadenas de las expectativas patriarcales. Nos negamos a someternos a relaciones donde las mujeres manipulan la miope monogamia para el detrimento de nuestra libertad y nuestras almas. Buscamos expresar y disfrutar nuestros más profundos intereses, en vez de trabajar incesantemente tras una vida que lleva a la infelicidad e inequidad en las relaciones.

Este es un nuevo y emocionante mundo para nosotros los hombres. Un mundo donde finalmente podemos hacer lo que queremos y trabajar en cosas que nos apasionan. Ya sea que nos entusiasme meterle mano a los autos, volar papalote, bailar en un ballet, relajarnos y jugar deporte o refinarnos, para que podamos, por elección más que por compulsión, hacernos líderes, inventores y creadores; no importa. Nos hacemos conscientes de nuestro derecho a auto-definir quiénes somos y cambiar al mundo--solo que ahora, es nuestra decisión. Ya no más condenados a vivir una vida dictada por las mujeres y roles antiguos, podemos desechar las debilitantes demarcaciones de la expectativa social y verdaderamente disfrutar del fruto de nuestra labor.

El Patriarcado es un Mito

La idea de que los corredores del poder son excluyentemente masculinos, es una reliquia antigua y obsoleta. En la actualidad nuestro mundo político y de negocios es uno diverso, en el que las mujeres gobiernan 23 de los países del mundo. Los puestos se encuentran abiertos y en los Estados Unidos, 296 mujeres ocupan cargos en el gobierno federal, en tanto que están en 3,859 puestos estatales. La diversidad étnica y genérica salpica los salones americanos del poder. En 2016, dos mujeres son candidatas al cargo de mayor poder: La Presidencia de los Estados Unidos. Es más posible que las mujeres obtengan un grado universitario, y además ocupan un 58% de todos los trabajos de Estados Unidos. Aproximadamente diez millones de mujeres americanas son CEOs, dueñas de sus propias compañías y corporaciones. La idea de que vivimos en una sociedad en la que los hombres dominan sistemática e institucionalmente a las mujeres cubre en efecto al mundo con un amplio pincel de discriminación. Se trata de un estereotipo sexista. No se ha actualizado para los cambiantes tiempos.

Cualquier mujer que camine en los zapatos pequeños, oscuros de un hombre experimentaría más sexismo, racismo, discriminación y opresión en un mes que las que recibiría toda su vida siendo quien es. Nuestras sociedades tal vez nunca tendrán paridad o equidad total entre las clases, las etnias y los géneros. Cualquiera de nosotros puede usar un lente crítico de género para obtener lo que desea. Nuestro tiempo estaría mejor empleado en hacer contactos y ayudar a un amigo o vecino, sin importar su etnia o género. A todos nos llegará el día en que necesitemos de un amigo.

Encontrando la Hombría

Nuestro sistema de educación superior, específicamente en los departamentos de Estudios de Mujeres y Género, se concentra en incluir pensamiento crítico acerca de la masculinidad.

* * *

Capítulo 3
Masculinidad

Darse a reducir la noción de masculinidad a un puñado de características es algo obtuso. Cada uno de nosotros tiene atributos masculinos y femeninos, combinados juntos en un coctel individual que llamamos "humanidad".

Aún no hemos comenzado nuestra guía sobre presupuestar, ahorrar, invertir y acumular activos y poder. Primero hay algo que debemos de preguntar. Siendo hombres, en ocasiones estamos inseguros acerca de cómo interactuar con el mundo a nuestro alrededor, pero ¿a qué se debe? Jóvenes o viejos, ¿cómo es que estamos confundidos o conflictuados respecto a lo que significa "ser un hombre"? Sin entrar en multitud de detalles, el objetivo de este capítulo es esbozar algunas de las características que definen esta noción. La masculinidad no es el estereotipo de una estrella porno, un atleta o un superhéroe: esta puede asumir muchas formas que varían entre nosotros. En las palabras de Norman Mailer: *"La Masculinidad no es algo se te da, es algo que te ganas. Y lo ganas al vencer honorablemente las batallas pequeñas"*.

Masculinidad Violenta

Sin importar la opinión de algunos, masculinidad no significa violencia. Con todo, un segmento militante de la sociedad afirma repetidamente que nuestra naturaleza es responsable actos de tal naturaleza, especialmente contra las mujeres. En los años recientes, algunos extremistas han lanzado ataques matriarcales contra aquello que consideran masculinidad; en escuelas de todo el país, los libros de texto y cursos intentan validar esta visión de los hombres como innatamente violentos. Los académicos agregan datos distorsionados, buscando probar la afirmación despreciativa de que la masculinidad es la fuente de la violencia y amenazas a las mujeres.

Muchos libros y currículo de "estudios de género" usan astutos sofismas para "demostrar" sus afirmaciones. Esto se apoya en definiciones como las de autoras Victoria Pruin DeFrancisco y Catherine H. (Helen) Palczewski en las que definen "violencia" como intimidación, abuso emocional, verbal y físico, violencia sexual y asesinato, y luego efectúan encuestas de solo mujeres que muestran que 70% han sufrido de violencia a manos nuestras. Pero las autoras no nos encuestan y usualmente no se mencionan las fallas de la encuesta, sugiriendo que solo son las mujeres quienes han experimentado tal destino. De hecho, es probable que, en una encuesta a hombres, se encontraría a un 90% reportando haber recibido trato violento, toda vez que la intimidación y abuso verbal caen bajo esta categoría.

La violencia doméstica es uno de los malestares más graves de la sociedad, pero no es un problema masculino. De hecho, no es raro ver a mujeres reaccionando con enfado, cortando neumáticos, destruyendo propiedad personal o expulsándonos de nuestro hogar. La evidencia sugiere que las parejas, ya sea conformadas por un mismo sexo o por sexos diferentes, discuten y se atacan entre sí por diversas razones, y con alarmante regularidad. En la mayoría de los casos, la fuente del problema es dinero o celos; en otras, una o dos de las personas podrían padecer de una enfermedad mental o abuso de sustancias. Las parejas siempre han discutido, pero tal vez aquellas que pierden el control son inaptas para cualquier tipo de relación. En esos casos, el ataque verbal puede escalar rápidamente a cachetadas, golpes, empujones--o algo peor.

De Qué Forma la Militancia Inspira Desconfianza en los Hombres

Al paso de las recientes décadas, los movimientos por la equidad han traído avances enormes para las mujeres. En EE. UU., por ejemplo, más mujeres que hombres asisten actualmente a la universidad o se encuentran empleadas en la fuerza laboral. Se podría decir que los estudios de mujeres y género han facilitado esta evolución. Pero, ¿acaso no resulta cierto también que la igualdad de derechos ha causado mayor injusticia para los hombres? Como ocurre con muchas ideologías, una minoría radicalizada ha cooptado esos movimientos; han difundido un mensaje prejuicioso sobre cómo los hombres interactúan con y "victimizan" a las mujeres. Estas propagandistas repiten como hecho el mito de mujeres como víctimas de la dominación masculina, yendo a extremos tales como negar una historia en donde las mujeres con frecuencia tuvieron un rol dominante.

Incluso hay ciertas mujeres que se percatan de las flagrantes manipulaciones y distorsiones que han ocurrido. Como dijo alguna vez la doctora y feminista Janice Fiamengo en un conocido programa televisivo de Canadian TV, *Charles Adler*: *"El campo de estudios de mujeres y género emplea estadísticas que son dudosas. Este induce la idea de que los hombres son masivamente brutales, agresivos y dominantes"*.

En realidad, tales enseñanzas pueden inspirar desconfianza, disgusto y odio hacia los hombres--hacia todos los hombres. Los estudios de mujeres y género podrían prestar un mejor servicio a estudiantes y el mundo en general al ser más incluyentes y menos enfocados en diseminar repugnancia por el hombre blanco hetero-normativo. Se requiere una llamado a los ángeles superiores de voces moderadas, y un estudio completo de todos los géneros beneficiaría a la sociedad en conjunto. Desafortunadamente, la cerrada visión de género en la que se apoyan es simplemente demasiado sexista, y, con frecuencia, descaradamente racista. Resulta interesante que, en yuxtaposición con estas precarias enseñanzas, la investigación muestra que las parejas femeninas son las más violentas, con la tasa registrada más alta de violencia doméstica entre estas. No obstante, este aspecto es mayormente ignorado por la academia. Otros estudios revelan que se ha dado una virtual epidemia de maestras y custodias cometiendo ataques y estupro sobre varones adolescentes en escuelas de educación media y centros de detención juvenil, pero este no es un tema que parezca merecer atención.

Al paso del tiempo, el campo de estudios de género necesitará cambiar. Tras años de una conversación asimétrica, se espera que veamos discusiones más diversas, incluyentes y justas al respecto del género y raza en lo sucesivo. Pero, si hemos de reducir genuinamente todas las categorías de violación y violencia doméstica, entonces las rectorías y juntas de gobierno de los colegios deberán de lidiar con el sesgo existente.

Masculinidad Social

Cualquiera de entre nosotros probablemente ha escuchado cosas como: "¡Imponte! ¡Sé hombre! ¡Trabajo de Hombres!" o tan simples como: "¡Aguanta!" Pero, ¿qué es lo que significan estas palabras? En realidad, con frecuencia se nos demerita por definiciones de masculinidad que parecen no tener fin. ¿Dónde está la guía práctica que nos muestra la forma de comportarnos? Aparte de la plétora de reglas y reproches impromptu que hemos aguantado durante nuestra vida, viniendo de bien intencionadas madres, abuelas, novias y esposas, ¿cómo exactamente se supone que hemos de aprender nuestro rol en la sociedad? La mayoría de nosotros trabaja duro para ganar dinero y pagar las cuentas; muchos de nosotros nos esforzamos por tener casas confortables y autos bonitos. Pero ¿por qué lo hacemos? ¿Es que estas cosas son las manifestaciones externas de la masculinidad? ¿Son estas manifestaciones externas de los objetos que realmente disfrutamos? ¿Interactuamos con el mundo de esta forma porque así hicieron nuestros padres y abuelos? O esto simplemente ¿porque así nos ha forzado la sociedad a actuar?

En tanto hombres, se espera que crezcamos tan pronto sea posible. Se espera que encontremos una mujer, nos casemos con ella y la hagamos feliz. Para millones de nosotros, estos dogmas sociales han resultado desastrosos. ¿Acaso nuestra pareja jala lo que le corresponde, o más bien nos deja todo el trabajo, ganar el dinero, arreglar la casa--proveer, proveer, proveer? ¿Qué es lo que obtenemos a cambio, aparte de una ronda ocasional de sexo con prisa? Hoy, con casi la mitad de los matrimonios terminando en divorcio, los hombres están despertando a la injusticia social que la propia sociedad llama la 'institución matrimonial'. Finalmente estamos diciendo "¡No!" a la opresión. Alrededor del mundo, comenzamos a seguir nuestros propios caminos y alcanzando nuestros sueños mediante nuestro diseño artístico.

Beneficios de la Masculinidad

Pero, incluso con esta evolución, es difícil ignorar la mentalidad que nos trajo a este sitio, o por qué muchas personas aparentemente creen que el mundo no se beneficia de la masculinidad en sus otras formas. Resulta ser un fenómeno tan inherentemente natural que nosotros--los hombres--rara vez pensamos al respecto. Las mujeres, no obstante, suelen afirmar que encuentran la masculinidad extraña e intimidante. Irónicamente, algunas mujeres tienen agresión y rasgos de masculinidad corriendo por sus venas, y se las considera parte valiosa de la sociedad, ¡mientras que muchos nombres trans son simplemente impresionantes! Cualquier persona que encuentre la masculinidad asomándose por su espíritu, o jugando un rol dominante dentro de sí, habría de considerarse afortunada y dotada. ¡Aprovéchenlo!

Como hombres, hemos sido bendecidos con la dotación de ciertas habilidades. Ninguno de nosotros debiera de suprimir nuestra naturaleza, porque la supresión jamás es buena. Ninguno de nosotros hemos de desvirtuar la energía auténtica: podemos y debiéramos de escoger desarrollar, moldear y asumir cualquiera de las características masculinas que se arremolinan dentro de nosotros. Desafortunadamente, muchas mujeres se han tomado muy en serio el establecer mediciones alternativas con las cuales compararnos. Las madres nos capacitan y disciplinan muy temprano en la vida; posteriormente, nuestras novias y esposas continúan intentando domar a la supuesta bestia dentro de nosotros. En la universidad, disposiciones inequitativas dictan nuestro comportamiento: hay seminarios para hombres sobre cómo debemos de ser políticamente correctos y comprender que "no significa no". Sin embargo, las mujeres también pueden tomar el papel de la agresora, más no se nos enseña ese hecho cuando a los jovencitos se les moldea respecto a cómo comportarse apropiadamente.

Pero ahora, los hombres definen su propia masculinidad; quienes no nacieron hombre no pueden definirla en nuestro lugar. Aquí es nuestra prerrogativa. Somos dioses en esta esfera y ellas no tienen poder aquí. No tenemos un útero, y, consecuentemente, muchos de nosotros hemos hecho lo apropiado, excusándonos de debates respecto al aborto y lo que las mujeres habrían de hacer con sus cuerpos, mentes y almas. Todo lo que hemos solicitado a cambio es imparcialidad y equidad. La feminista Camille Paglia alguna vez dijo: *"La hombría forzada en sensibilidad no es hombría en lo absoluto"*. La naturaleza nos dicta que el poderoso milagro de la hombría está ahí para mucho más de lo que se le ha permitido hasta ahora.

Cuestionar Todo

Los hombres y los jovencitos aman explorar y cuestionar el universo, y aprenden desde una etapa muy temprana que siempre hay dos versiones de una historia. El ser empáticos y ver las cosas desde perspectivas diferentes puede revelar detalles sorprendentes acerca de cómo funciona el mundo. Una mente curiosa nos ayuda a navegar un mundo saturado con corrientes cruzadas de medios, datos y hechos en conflicto. La búsqueda del conocimiento es la base de la ciencia. Ansiamos entender la vida y sus diversos elementos para formular una imagen más balanceada y precisa de los eventos. Tal aproximación nos permite desarrollar las proezas requeridas para tomar mejores decisiones. Como observara Bryant H. McGill alguna vez: *"Una de las cosas más importantes que se pueden hacer en la vida es cuestionar brutalmente cada cosa que se te enseña"*.

Masculinidad Emocional

Las mujeres procesan los daños emocionales de forma diferente a los hombres. Algunas recordarán cada palabra micro-agresiva que se les ha dicho en su vida. Si, por ejemplo, Clara le pregunta a su amiga Marta: "¿Subiste de peso?", esta última podrá almacenar esta inofensiva consulta como una dolorosa herida. De ahí en adelante, Marta podrá ver todo lo que su amiga diga como una hiriente punción. Diez años después, Marta podrá estallar en un ataque de rabia y regresarle todo a Clara, como si fuera un volcán de odio contenido. Los hombres, sin embargo, son más robustos. Para nosotros, el arte de las pullas y piquetes es un pasatiempo disfrutable; con bastante frecuencia, son chanceo y nada más que una prueba del porte del otro, para nada un insulto, ni a corto ni largo plazo.

Tal vez a causa de esto, es que nosotros los hombres somos percibidos como no emocionales. La masculinidad es un componente útil de nuestras vidas y es esencial para cultivar nuestro propio ser, pero las emociones también son un factor importante y vital para nuestra psique, cosa que nos haría bien explorar. En realidad, el estereotipo de Hollywood de mandíbula tiesa, mirada pesada e inarticulado, es tan solo otra celda en la que el mundo nos intenta encasillar. Sentimos cosas profundamente, pero procesamos esos sentimientos de forma diferente que las mujeres. Los hombres de verdad no tienen que ser una roca todo el tiempo; de hecho, lo inteligente es no ser así. Efectivamente, el esquiador de World Cup Marcel Hirscher lo resumió de forma hermosa: *"Es increíble cuántas emociones sientes al cruzar la meta y ver que eres el Núm. 1"*.

En tanto hombres inteligentes, requerimos tener la mente abierta acerca de la cultura y las tendencias. Es perfectamente aceptable que disfrutemos el arte, la belleza, la música y la danza. Al seguir nuestros sentimientos, podemos saborear una vida impresionante llena de experiencias abundantes, sin importar que riamos o lloremos. Nuestras emociones demuestran que somos humanos; sin estas, somos tan solo robots, incapaces de lograr cualquier cosa significativa.

Trascender Todos los Miedos

Hay quienes huyen del miedo; otros buscan un lugar seguro, refrenándose a navegar por la tormenta. Sin importar esto, todo mundo siente tal emoción en cierto punto de su vida. Como chicos, muchos de nosotros sin duda lo experimentamos en cada edad, pero rara vez se nos enseña cómo enfrentarlo apropiadamente. Tener miedo es un aspecto fundamental de la sobrevivencia y está íntimamente ligado a nuestra respuesta instintiva de pelear o huir. Es un sistema de advertencia que nos recuerda avanzar con tiento; a examinar las alternativas conforme avanzamos. En las palabras de Franklin D. Roosevelt: *"Lo único que tenemos que temer es el miedo mismo"*. Esconderse, por lo general, no es la respuesta; el huir raramente lleva al crecimiento.

Pero se puede conquistar al miedo. Los chiquillos e infantes podrían rehuirle a ruidos fuertes, objetos y personas extrañas, en tanto que los chicos de mayor edad pueden temerle a la oscuridad, sonidos nocturnos, máscaras, monstruos y fantasmas. Pero cuando se hacen hombres como nosotros, estos miedos generalmente han sido superados. El crecer ayuda a cada uno de nosotros a entender que los misterios oscuros de la juventud no son misterio alguno. Una vez que nos familiarizamos con estos, nuestros miedos tienen a ceder y desaparecer. Por supuesto, como hombres crecidos aún podemos tener miedo, pero nuestra madurez nos ayuda a manejar ese miedo mejor. En vez de escondernos bajo las sábanas, intentamos entender. Lo que hacemos es sacar al miedo de lo oscuro, y a la luz lo analizamos. Al hacer eso, lo conquistamos.

Los libros de psicología están llenos de explicaciones y tratamientos para miedos y fobias de todo tipo. Algunos remedios se basan en entender qué hay detrás de estos. En otros casos, lo mejor es confrontarlos. Para aquellos entre nosotros que temen a las alturas, el forzarnos a ir hasta lo más elevado de un rascacielos puede causar que el miedo se disipe. Mediante persistencia y valor, podemos enfrentar tales obstáculos. Si estamos asustados, de todos modos, debemos de avanzar, un paso a la vez. El tomar tales riesgos, ya sean físicos, mentales o emocionales, puede ayudarnos a desarrollar habilidades valiosas. Esto no significa ser imprudentes, claro está. Es importante pensar acerca de las consecuencias en caso de fallar, y siempre tener en mente otras opciones.

Mediante nuestra interacción con otras personas, aprendemos a adaptarnos y progresar. El remontar los golpes de la vida y reaccionar a los cambios en nuestro ambiente es la esencia del progreso. Hemos sido, ya sea preparados socialmente, o diseñados por naturaleza para luchar por la sobrevivencia, entonces, ¿por qué no usamos este talento natural? El crecimiento emocional nos requiere enfrentar los problemas y miedos de frente y aprender de los mismos. Así, necesitamos quebrar las barreras de nuestra propia ansiedad y tomar a nuestros miedos por el cogote, y apretar fuerte. Al final, podremos quedar sorprendidos: tal vez estos no eran de hecho tan siniestros.

Hombres que Progresan

Hemos hablados de las palancas que hay que accionar para conducirnos como entes masculinos. Hemos examinado cómo algunas personas demonizan la masculinidad, cuando por su parte, los hombres han traído grandes beneficios sociales al usar esta misma masculinidad. Hemos aprendido a cuestionar todo, a adaptarnos y empoderar a nuestra máquina física. Al comentar los botones que se pueden presionar—la madurez emocional y la superación de los miedos--asumimos nuestra masculinidad. Todos nosotros tenemos la capacidad de usar nuestro poder singularmente individual y cambiar al mundo. En el siguiente capítulo, aprenderemos acerca de nuestros poderes innatos.

* * *

Capítulo 4
Poder Individual

Vivimos en una era emocionante de oportunidades e innovación. Tenemos el poder y la habilidad de dar forma al futuro de nuestro planeta. Una vez que estamos libres de las búsquedas de la juventud, podemos encontrar y definir nuestro lugar en el universo y comenzar a crear riqueza. Nuestro poder para navegar es vital. Siendo hombres, tenemos una miríada de capacidades que podemos desarrollar y poner en movimiento. La vida libre de un soltero aventurado nos conduce a puertas que nos permiten experimentar y vivir. ¿Cuáles habríamos de abrir? ¿Qué dirección hemos de tomar? ¿Qué viaje nos aguarda? Francis Bacon alguna vez dijo: *"El Conocimiento es poder"*. Antes de que podamos progresar en nuestro plan de acción financiero, debemos de comprender los poderes que tenemos, y aprender acerca de las caladas herramientas de carácter MGTOW que nos empoderan para visualizar y crear cosas que alguna vez habrían parecido inimaginables.

La Salud Mental es Salud Física

Desde el punto de vista evolucionario, los hombres son máquinas formidables, dotadas de atributos y habilidades que pueden ayudarnos a mover montañas. Contamos con la estructura física y la destreza para lograr tareas que, a primera vista, parecen irrealizables. No todos tenemos una musculatura superior, claro está. Pero sin importar si contamos con la bendición natural de los músculos o no, nuestro deber para con nosotros mismos es fomentar y mejorar nuestro ser físico, y mantenerlo de forma tan meticulosa como se haría con un motor bien afinado. Debemos de alentar a los chicos con comportamiento vigoroso, no reprocharles su naturaleza hiperactiva. El agotamiento físico es la forma en la que los hombres jóvenes determinan sus límites. Tenemos que cuidar al aparato humano de la misma manera que lo haríamos con un preciado Ferrari, limpiando y afinándonos al menos tres veces a la semana. Tal como apuntó alguna vez el Presidente John F. Kennedy: *"La condición física no solo es una de las claves más importantes para un cuerpo saludable, es la base de una actividad intelectual dinámica y creativa"*.

Herramienta MGTOW de carácter número uno: Mantén un cuerpo saludable. Es importante caminar, estirar, desarrollar músculo y entrenar para poder alcanzar nuestro potencial futuro. El estar limpios y saludables nos permite cosechar los beneficios de la masculinidad, mejorando nuestro poder y autoestima durante el proceso.

Ya sea mediante programación social o por ADN, muchos de nosotros son ingenieros natos, diseñados naturalmente para crear y construir cosas. La forma en que nuestros cerebros y naturaleza física se han desarrollado a lo largo del tiempo nos ha permitido conformar activamente el mundo en que vivimos. Tenemos la estructura mental prefijada para evaluar situaciones, reconocer problemas y superarlos. Somos seres orientados a resultados. Si queremos ir de A a B, fincamos un camino; si deseamos protección de los elementos, construimos una casa. Construimos puentes para librar obstáculos e inventamos máquinas para hacer nuestro trabajo de forma más eficiente. Y esto no para aquí. Si echamos un vistazo en nuestra casa, podemos ver una variedad de herramientas y aparatos diseñados por los hombres para hacer la vida más fácil. Hemos diseñado y provisto hasta las necesidades *más básicas* de la vida, sin las cuales lo mismo hombres que mujeres estarían perdidos/as. Si cuentas con el don de tales habilidades, asúmelas plenamente.

No solamente creamos por crear. También tenemos la predisposición a examinar y mejorar nuestro ambiente, no tan solo para nosotros, sino para otros, la mayoría de estos, personas que ni conocemos. Damos a nuestras comunidades, y nos esforzamos, desinteresadamente, para hacer de la vida en la tierra algo más rico y confortable para todos. Lo hacemos porque podemos, y lo hacemos por el beneficio del bien común.

No Crezcas

¿Alguna vez viste a un niño topándose con algo por primera vez? ¿Notaste cómo sus ojos se ensanchan gozosamente admirando ese flamante descubrimiento? Los niños pequeños tienen la capacidad de enfrentar lo desconocido con una sensación de maravilla y audacia. El éxito a veces requiere que nos mantengamos como niños, para conservar esa sensación de maravilla. A veces significa que tenemos que creer en la magia, o en cosas que se aprecian declaradamente lejos de nuestro alcance. Por dar un ejemplo, piensa en los hermanos Wright. Por entonces, a principios de los 1900, toda la idea de vuelos tripulados y mecanizados seguramente habría parecido locura extrema al público en general. Pero los hermanos jamás perdieron su fe en el sueño -- a pesar del ridículo, a pesar de la mofa de sus pares, ellos perseveraron.

Con frecuencia se les pide a hombres y chicos que "crezcan", o: "compórtate según tu edad". La sociedad desea que descartemos nuestros pasatiempos, juguetes y comportamientos de niños, incluso si esto puede causar que perdamos nuestra sensación de maravilla y que nos fuerce a ver el mundo con ojos de hastío. ¿Qué significan exactamente aquellas palabras? ¿Conseguir un trabajo y pagar las cuentas? ¿Renunciar a nuestros pasatiempos y reparar el techo? ¿Desechar la imaginación y vivir una vida rígida, pre-planeada? Tristemente, muchos de nosotros sucumben a tales expectativas. ¿Por qué? ¿Se espera que dejemos ir nuestros preciados días y que acallemos el dolor en formas que solamente nos hieren? La respuesta es "no". En las palabras de Pablo Picasso: "…cada niño es un artista. El problema es cómo permanecer artista una vez que hemos crecido".

Herramienta MGTOW de carácter número dos: Aprópiate de la magia de nuestra niñez--otra vez. Podemos emplear un poder inmenso al hacer esto. Citando la sabia observación de John Cleese: *"...las personas más creativas tienen esta facilidad infantil para jugar".*

El pasatiempo de un hombre puede ser la puerta hacia sus sueños. Las visiones e inspiraciones nos dan esperanza y nos permiten expresarnos de forma muy personal. Sea lo que sea tu pasión-- ya sea que se trate de coleccionar estampillas de correo o tarjetas de béisbol, modelismo ferroviario, pesca con mosca, arreglar automóviles o estudiar la teoría cuántica-- debemos de vivirla y respirarla siempre y de toda forma que podamos. Aferrémonos al niño interior y jamás permitamos que persona alguna nos diga que está mal. ¡Eso, mi amigo, es lo que significa haberte hecho totalmente adulto!

Los Hombres y los Chicos También Tienen Sueños

Martin Luther King, Jr. "tenía un sueño" y gracias a esto, él fue un hombre poderoso. El encontrar y seguir nuestros sueños es nuestra clave para el éxito. Al igual que las chicas, imaginamos aquello que nos gustaría ver, hacer y ser cuando crezcamos. Pero nuestros sueños pueden ser vastamente diferentes a los de ellas. Los chicos podrían soñar con llegar a ser un conductor de auto de carreras, un astronauta, estrella de rock o atleta famoso. Las chicas, por otra parte, podrían soñar con casarse, tener hijos y vivir con una familia en una buena casa--o de estar a cargo, ser la matriarca de la familia. Desafortunadamente, conforme nuestra vida se desenvuelve, solemos ser atraídos hacia los sueños de otras personas. En ocasiones, parece que solo hay un resultado socialmente aceptable: el matrimonio. Pero eso no es cierto.

Herramienta MGTOW de carácter número 3:
Cultiva tus sueños y vívelos de la mejor forma que puedas. Walt Disney dijo: *"Si puedes soñarlo, puedes hacerlo"*. Recuerda, tus sueños son un poder interno.

Con bastante frecuencia, los enredos con una mujer nos obligan a hacer concesiones. Se nos pide sacrificar *nuestros* sueños por los de ella o aquellos de una familia, y dedicarle una enorme proporción de nuestro tiempo y energía. Aunque no pasa mucho tiempo para que nosotros nos demos cuenta de que la chispa ya no está ahí, tal vez nos abandonemos, siguiendo atrapados en tales situaciones a causa de las obligaciones sociales, que tan solo medran nuestro tiempo y nuestros recursos. Sus afirmaciones de autoridad moral y demandas familiares pueden agotar fácilmente nuestras habilidades y causar que perdamos la visión de nosotros mismos. Al no poder vivir nuestros sueños, muchos de nosotros nos doblegaremos a concretar los de ellas. Se espera que nosotros les animemos a seguir sus deseos, proporcionar soporte emocional y sobarnos el lomo siempre que se requiera. Esto invariablemente nos lleva a una profunda frustración, que eventualmente nos acaba.

Dominio: Práctica, Práctica, Práctica

Toda persona comete errores en el viaje para lograr sus metas y ambiciones, pero tales errores pueden ser oportunidades si es que escogemos aprender de estos. Según la consideración de Joyce Meyer alguna vez: *"Me pregunto cuántas veces la gente se rinde justo antes de un avance--cuando están al preciso borde del éxito"*. Los problemas también representan oportunidades escondidas. Las inconveniencias y fallos son razones para evaluar y redirigir nuestros esfuerzos; no son faltas de propósito. Justo así, la fortaleza, ya sea física o emocional, suele originarse de una sucesión de fracasos. Ya se trate de sacar malas notas en el colegio, ser incapaces de rebajar un minuto de esa carrera de tres millas, o decepcionar a una amistad, el fracaso es lo que nos enseña acerca de otros y de nosotros mismos.

> **Herramienta MGTOW de carácter número cuatro:** Domina aquello que te encanta. Para ganar o conservar tu aptitud en ello, practica y aprende tanto como puedas. Domina por completo tu arte.

La mayoría de nosotros se esfuerza por la auto-mejora. El dominio de determinadas habilidades o la adquisición de conocimiento específico pueden aumentar nuestra confianza y reforzar nuestra independencia. Pero estas cosas no ocurren por acto de magia. Tal como lo dijo Mahatma Gandhi, *"Una onza de práctica vale más que toneladas de predicación"*. Casi todo en la vida implica cierta medida de ensayo y error; tan solo es mediante la persistencia y determinación, al evaluar cada ensayo por debajo de lo perfecto, que podemos anticipar el éxito. Los hombres aman la competencia, pero la ganancia y el crecimiento personal requieren bastante práctica. Si bien casi cualquiera puede alcanzar un cierto nivel de dominio y experiencia práctica en cualquier campo de su elección, el viejo adagio: "la práctica hace al maestro" sigue siendo cierto.

Al final del día, cada uno de nosotros ha de ser nuestro propio y único hombre, donde se define singularmente la perfección. Cada vez que intentamos algo, debemos de valorar nuestras debilidades e imperfecciones, y entonces luchar por vencerlas. Adicionalmente, ¡lo que se considera débil o imperfecto ha de definirse de forma diferente, de acuerdo a diversos objetivos de vida! Necesitamos hacer uso del conocimiento y experiencia que ganamos, las lecciones que aprendemos, y los rasgos de carácter MGTOW que desarrollamos al perseverar hasta alcanzar nuestra meta. Estos son los premios escondidos, que nos empoderan con nuevos talentos y conocimiento, que nos acompañarán por el resto de nuestros días. Estos cambian a nuestra persona--para bien.

Fortaleza y Valentía

La destreza física no es la única ventaja con la que contamos. También podemos usar nuestra *fuerza de voluntad* para superar los retos en el ambiente natural, predadores y otros adversarios, aunque bien vale recordar que la fortaleza no es violencia. Ya lo dijo Abraham Lincoln: *"Asegúrate de colocar tus pies en el sitio apropiado, y entonces mantente firme"*.

Herramienta MGTOW de carácter número cinco: La fuerza de voluntad es un formidable músculo interno. Esta refuerza el carácter, incrementa el temple y nos proporciona perspicacia y visión.

La fortaleza también significa vigor. Se trata de la cualidad que nos motiva a trabajar esas horas extras requeridas para cumplir con una fecha de entrega, o cubrir grandes distancias para asegurar un trato. La fortaleza mental nos permite asirnos firmemente a nuestros ideales y libertades. No es persistencia ciega, empero; esta también nos ayuda, a saber, cuándo igualar, aumentar o retirarse en la mesa de apuestas-- la diferencia entre continuar jugando, o cobrar.

Nuestras capacidades físicas nos permiten hacer frente a fuerzas externas, confrontar al peligro y sobrevivir y conquistar a enemigos y, de forma muy real, mover montañas. Pero es justo nuestra fuerza de voluntad la que nos permite perseverar mucho más allá del punto en que otros han tirado la toalla. El mejor ejemplo, tal vez pudiera verse en un discurso del Primer Ministro Británico Winston Churchill, durante la Segunda Guerra Mundial, cuando logró movilizar a sus compatriotas en torno suyo, en los momentos más aciagos para su nación. Ante la probabilidad de inminente invasión nazi, con todo en su contra, Churchill enunció sus famosas palabras: *"...lucharemos en los mares y oceános... defenderemos a nuestra isla cualquiera que sea el costo. Lucharemos en las playas...lucharemos en los campos y las calles... ¡nunca nos rendiremos!"*

Y funcionó. El feroz grito de guerra de Churchill inspiró a los ingleses a aguantar lo suficiente para que Estados Unidos llegara a su rescate, y juntas, las dos grandes naciones prosiguieron para derrotar a Hitler y así salvar al mundo de un futuro fascista. Es un momento histórico que no debemos de olvidar. Ya seamos soldados en lucha en la línea de fuego, o simplemente Juan de los Palos, trabajando tiempo extra para apenas sobrevivir, tenemos el poder de controlar el destino--el nuestro, así como el de otros.

Herramienta MGTOW de carácter número seis:
Somos hombres. Jamás nos rendimos.

Incluso cuando sabemos que tenemos grandes riesgos por delante, regularmente decidimos mantenernos en curso. Tenemos la voluntad para pensar más allá de las amenazas que tenemos, con el fin de ayudar a otros. El verdadero valor es la noble virtud de hacer lo que está moralmente bien, tal como el correr al interior de un edificio en llamas para salvar a un perro mascota. La pasión por hacer lo que está bien podrá conducir nuestro valor a lograr nuestras metas; es bueno para la mente, cuerpo y alma. El valor es la voluntad para perseverar y seguir en pie de lucha hasta que hayamos alcanzado nuestras metas, no obstante, el riesgo de fracasar.

El Cambio es Fundamental

Nuestra civilización está avanzando a un paso más rápido que en ninguna otra era, y en el proceso, muchos de nosotros estamos re-pensando como nos relacionamos con y vivimos con otras personas, particularmente las del sexo opuesto. La emergencia natural de millones de hombres Herbívoros, madres solteras, MGTOWs y luchadores de justicia social de género podría, sin duda, ser una indicación de que los esquemas de emparejamiento, socialización y vida están en evolución. ¿Es que eso representa un cambio en las dinámicas entre los sexos? ¿Es esto la punta del iceberg de una transición a una nueva estructura social de familia y vínculos sociales? Los grupos animales han evolucionado por millones de años y adaptaron la forma en que las familias cohabitan. ¿Experimentamos una progresión más rápida acerca de cómo usamos los espacios vitales? Parece que algunas partes de la sociedad se encuentran adaptando nuevas ideas de familia y espacios seguros para grupos específicos por género.

En un mundo cambiante, los hombres se apresuran a mantenerse al tanto con un torrente imparable de eventos e innovaciones tecnológicas que cambian la vida. Aunque nos esforzamos por mejorar la madurez personal, emocional y social, debemos de recordar que la mejor forma de crecer sigue siendo la más fácil: mediante nuevos amigos. Cuando conocemos a una nueva persona es como enamorarnos--de nuevo. Cada amistad abre nuestros ojos y acelera nuestro corazón. Deberíamos de experimentar este amor por los amigos, hermanos, hermanas y dioses tan frecuente como fuera posible. Cada persona que comparte una parte de sí con nosotros se vuelve una parte integral de nuestra alma.

> **Herramienta MGTOW de carácter número siete:** Conoce a nuevas personas, y ayúdate--a ti y a ellas--a crecer. Como Bill Gates alguna vez apuntó: *"Todos necesitamos de la gente para darnos retroalimentación. En esa forma es como mejoramos"*.

Las personas a quienes permitimos hacerse parte de nuestras vidas podrán influenciarnos más de lo que pudiésemos saber. Ellas nos alientan y brindan energía renovada. El tener amigos cercanos nos puede ayudar a refinar nuestra personalidad y profundizar nuestra experiencia. Conforme avanzamos en la vida, son estas 'experiencias con la gente' las que definen nuestros súper-seres. Sin importar lo agreste de las circunstancias, el conocer y hacer nuevas amistades, el aprender de estas y aprender a quererles--ser alguien "sociable" --nos puede proporcionar las capacidades y herramientas intelectuales que son necesarias para expandir nuestros horizontes sociales y mejorar nuestro crecimiento emocional.

Dominio de Ingeniería, Ciencia y Tecnología

Platón dijo: *"**La necesidad es la madre de la invención**"*. Ya desde los orígenes primitivos, nuestros antepasados se dedicaron a dominar el fuego y controlar sus alrededores naturales. Afortunadamente, estos también aprendieron capacidades invaluables gracias a reyes, faraones y emperadores opresores, quienes usaron a los hombres para construir las increíbles maravillas del mundo. Esas prácticas antiguas nos permitieron dominar nuestras fuerzas masculinas naturales para conquistar, hacer ingeniería y convertirnos en constructores de grandes sociedades. Para algunas personas, la ingeniería es tan solo una habilidad técnica, pero como bien lo notó la Reina Elizabeth II: *"En esencia, la ingeniería se trata de usar la ciencia para encontrar soluciones creativas y prácticas. Es una noble profesión"*.

Nosotros y nuestros ancestros hemos transformado hallazgos accidentales y las inspiraciones de locos, tontos y soñadores, en realidades y milagros que hacen de nuestra vida lo que es hoy. Variedades de flora y fauna se volvieron los cimientos de la farmacología moderna; los médicos brujos y sanadores derivaron en nuestros doctores y guías espirituales. Un amplio rango de ventajas médicas ha incrementado nuestra expectativa de vida promedio a más de 80 años de edad.

Las mujeres resultaron liberadas de las ataduras del embarazo, parto y crianza de criaturas no deseadas gracias a un descubrimiento realizado por el hombre: la pastilla de control natal. Muchos historiadores distinguen a La Píldora como el mecanismo más importante para la transferencia de control de los derechos reproductivos de los hombres a las mujeres. En la actualidad, las mujeres tienen mejor capacidad para ir a la par de los hombres, co-creando y haciendo ingeniería de los avances que pueden ayudar a asegurar nuestro futuro progreso. Aunque los hombres por largo tiempo han liderado a la humanidad en ciencias y tecnología, mejorando en el proceso la vida para todos, a cualquiera de nosotras y nosotros que esté inclinado a ello, habría de alentársele a tomar la iniciativa.

Aun así, somos nosotros los que hemos de recibir crédito por el sitio donde estamos actualmente. Nuestro legado es la infraestructura, conocimiento y tecnología que quedan como referentes tras el paso de los inventores y constructores. En palabras de Tina Turner: *"Mi legado es que me mantuve en ruta... de principio a fin, porque creía en algo dentro de mí"*.

Herramienta MGTOW de carácter número ocho: Busca lo mismo dentro que fuera de ti. Examina cuál podría ser tu legado.

Inventando Nuestro Futuro

Algunos de nosotros ya mismo nos encargamos de nuestro destino. Hemos escapado de las expectativas de otros. Somos libres, olemos la dulce esencia del aire emancipado. El dolor del pasado sigue ahí, aunque la libertad recién encontrada sana las heridas. Pero, ¿qué sigue? Una vez liberados, podríamos sentirnos confundidos o experimentar un vacío interior. No hay un mapa para navegar tal camino. No hay señales en el camino que digan: "Solteros: ¡por aquí!". ¿A dónde vamos a partir de aquí?

La Soltería no es un camino. Es un estilo de vida. No es algo acerca de lo que podamos leer en un libro. Es una misión inventada gozosamente por cada uno de nosotros. ¿Recuerdas aquellos sueños de la niñez? ¿Recuerdas esa visión muy dentro de nosotros, que luego mandamos a la covacha para beneficiar a alguien más? Bryant H. McGill dijo: *"La creatividad es la mayor expresión de libertad"*. Nosotros somos creadores, dadores y constructores. La libertad nos permite la oportunidad de lograr aquello que deseamos. Estamos en libertad de escribir nuestro propio guion, nuestro libreto especial.

Herramienta MGTOW de carácter número nueve: Haz aquello que amas y que te apasiona. Encuentra tu verdadera vocación y propósito. Si te esmeras en lo que te nutre y te hace feliz, resultarás rejuvenecido, no acabado.

Cómo Resolver Tus Problemas

No hay duda alguna sobre que muchos de los problemas que enfrentamos pueden ser difíciles de resolver. Se puede tratar de barreras extraordinarias para lograr nuestras aspiraciones o incluso para concebir nuevos sueños. Pero somos solucionadores de problemas por naturaleza--arreglamos cosas. Aunque la vida en ocasiones podría apesadumbrarnos con lo que parecería una sucesión de obstáculos y bloqueos sin fin, no podemos permitirles aprisionarnos. Cuando lidiamos con asuntos que bloquean la consecución de nuestras metas, debemos de ir más allá de estos y liberar las poderosas fuerzas dentro de nosotros.

> **Herramienta MGTOW de carácter número diez:** Cada uno de nosotros tiene un sistema de control automático, cibernético, ya desplegado en nuestras neuronas cerebrales. ¡Es una herramienta poderosa que puede ayudarnos a vencer los retos mientras dormimos!

Tantísima gente desconoce el funcionamiento del cerebro, lo mismo que sobre activarse en la resolución de problemas variados. Pero tenemos capacidades neurológicas que son algo parecido a nuestras supercomputadoras personales. Supón, por ejemplo, que nos enfrentamos a una o varias de estas cuestiones:

> *¿Debiera de mudarme a Trinidad y trabajar en Ganadería?*
> *¿Debiera de separarme de mi esposa?*
> *¿Llegó el momento de mudarme a Río?*
> *¿Me declaro en bancarrota?*
> *¿Me conviene arreglar una relación en problemas?*
> *¿Y si tomo una nueva clase en el colegio para aprender a soldar?*
> *¿Debiera de invertir en una casa nueva?*

Al situar tales dilemas al frente en nuestra conciencia antes de ir a dormir, podemos poner a funcionar las capacidades naturales de resolución de problemas de nuestro cerebro. Al dormir, nuestras mentes procesan automáticamente eventos e información de nuestra vigilia. Determinados datos se trasladan a la memoria de largo plazo, organizando y liberando el espacio de corto plazo. Durante el sueño, el cerebro manipula datos, escombrando y clarificando. Conforme avanza la noche, nuestras mentes atienden cualesquier asuntos o preocupaciones dadas, y poco a poco los problemas comienzan a desembrollarse por sí mismos. Al despertar de mañana, así de repente, las respuestas serán obvias. Se nos revelarán las decisiones a tomar, permitiéndonos avanzar.

Creando Realidad con Intención

Werner Erhard, el célebre académico del movimiento de potencial humano de los setenta, alguna vez aseveró que: "*...el poder personal es la habilidad de moverse de la intención a la realidad*". Parece que algunos de nosotros deambulamos en nuestra experiencia diaria, constantemente desempoderándonos, encontrando formas para impedir y complicarnos la vida con impedimentos, sin jamás aprender cómo transformar las intenciones en aquello que deseamos.

El hecho es que casi cualquier cosa en nuestra vida moderna hecha por el hombre, empezaron como solo una idea. Pero tales nociones no se pueden hacer palpables sin ser transformadas mediante la intención. Se trata de nuestra *habilidad intencional* que nos permite definir y crear la realidad. También es como un músculo en nuestros cerebros: entre más lo usamos, más fuerte se hace. En vez de únicamente procesar los estímulos, podemos usar nuestra concentración para crear algo tangible. Albert Einstein, el científico ganador del premio Nobel, se valía de una técnica así mientras desarrollaba sus teorías acerca del universo. Y así también hicieron otros hombres, entre ellos: Arquímedes, Nikola Tesla y Henry Ford. Ellos libraron un gran poder al dirigir sus mentes conscientes, así como su mente al soñar, en una sola dirección.

> **Herramienta MGTOW de carácter número once:** Nuestras mentes son motores de creación, que nos permiten definir quiénes somos y qué es lo que deseamos ser en el futuro. Tan solo se requiere tiempo e intención.

Así, ¿cómo podemos lograr lo mismo? Adoptando las mismas estrategias que aquellos pensadores y creadores famosos:

> **Paso 1:** Debemos de orientarnos hacia el empleo del "músculo de la intención" dentro de nuestros cerebros. Esto significa actuar y pensar en formas en las que se mantenga nuestra atención enfocada en una idea o meta en particular. Dedicar cierta cantidad de tiempo al día para la tarea, sin dejar que las distracciones se inmiscuyan.

Paso 2: El objeto de nuestra atención deberá de ponderarse de arriba a abajo, por dentro y por fuera, permitiendo a este ganar sustancia y momento. Con el tiempo, la idea emergerá como algo más grande, como una bola de nieve que crece en tamaño al descender por una colina.

Paso 3: Necesitamos alentar a nuestros cerebros para actuar como si se armara un rompecabezas. Conforme la idea continúa formándose, se han de agregar más y más piezas de datos, palabras y símbolos; debemos de permanecer concentrados en la forma en que estas encajan.

Paso 4: En cierto momento, la semilla inicial de una idea se hará mucho más tangible, tal vez marcada por colores, formas, sonidos y sentimientos. A continuación, piensa acerca de los libros que hemos leído, los chismes que hemos escuchado y las cosas que hemos probado y visto--básicamente, cualquier cosa que pueda relacionarse con el tema que nos ocupa.

Paso 5: Con el paso del tiempo, parecerá casi como si la idea solicitase más información. Mientras tanto, cada vez será más notorio aquello que necesita la idea para mantenerse bien nutrida. Pronto, sabremos qué acción se necesita para transformar la idea en realidad.

Paso 6: Al final, nuestros cerebros comenzarán a evaluar la viabilidad conforme la idea se consolida en forma y tamaño. Entonces podemos deducir si esta vale la pena para trabajar o si se puede lograr un objetivo. Las ideas inseguras se irán quedando a un lado, en tanto que las grandes ideas florecerán. Nuestros cerebros harán su parte para encontrar justo aquellas que nos resultan imperiosas para llevar a acción.

Es Hora de Construir Tu Futura Riqueza

Es de esperar que ya estaremos todos listos para poner estas herramientas MGTOW de carácter en acción. Primero consúltalas con la almohada, y luego úsalas para convertirte en el hombre que desees ser. Tal vez serás el próximo equivalente de Tesla, Martin Luther King, Jr. o hermano Wright, pero la única forma en la que puedes descubrir cómo crear a este poderoso individuo, es viendo dentro de ti.

El auto-descubrirnos usualmente comienza cuando llegamos a los años universitarios. Aquí es cuando las experiencias más increíbles se grabarán en tu memoria para siempre. La Universidad o el Colegio es la época que los hombres usan para afinar las habilidades requeridas para obtener un gran trabajo y ese súper-salario. Prevemos una carrera estelar con beneficios; nos espera nuestra olla de oro al final del arcoíris. El siguiente capítulo nos da una historia de la universidad, solo para los oídos de los hombres. Conoce a Jade Padrés y Bruno Jaimes, conforme se preparan a dejar el bachillerato. (Recuerda, esta historia se basa en eventos reales; los nombres y sitios se han cambiado por razones obvias)

* * *

Capítulo 5
La Chica que Gritó Me Violan

Jade Padrés siempre había sido la chica más popular en el liceo. En su barrio de Vera Cruz, Santa Fe en Argentina, la religión era muy importante y el padre de Jade era pastor de la Iglesia de Cristo. Esa pequeña iglesia en Bulevar de Rosales fue donde se había bautizado a Jade, además, era donde ella esperaba casarse.

Todos los jóvenes adolescentes competían por su atención. Jade ni los tomaba en cuenta, porque amaba a Bruno Jaimes: Ese mediocampista estrella de cabello castaño, capitán del equipo de fútbol soccer.

Ellos ya habían dormido juntos. Para Jade, eso significaba que estaban unidos para siempre. Bruno y Jade eran vistos como realeza en la escuela. Antes de la graduación, desfilaron de la mano por el corredor. Jade únicamente usaba la ropa de moda y le hacía dobladillo a su falda para apenas asomar sus muslos bronceados y musculosos.

El mar de adolescentes se abrió como el Mar Rojo para que el rey y la reina pasaran.

Jade sentía prurito en los cabellitos de su nuca. "Estoy, así como nerviosa", le susurró a Bruno.

"Y, todo saldrá bien" él le dijo bajito al oído. "Tú tranquila. Entraré". Jade apretó su mano.

"¡Felicidades, Jade!" vociferó Amanda. "¡No me la creo que están comprometidos!"

"Gracias". Jade le sonrió a su amiga. Notó la forma en que Amanda veía a Bruno. El estómago de Jade se petrificó y alejó su mano del alcance de Bruno. Bruno se volteó hacia ella, sorprendido.

"¿Fue con Amanda?", le inquirió, viéndole furtivamente a los ojos.

Bruno se echó el fleco a un lado. "¿Qué decís?"

"La chica con la que culeaste. ¿Fue Amanda?"

Bruno intentó tomarla de la mano. "Ya te había dicho, fue un error. ¿Por qué no podés olvidarlo? Ella no representa nada. Soy tuyo para siempre, Jade".

Su corazón estaba por hacerse líquido, pero entonces dio vuelo a su cabello desafiantemente. Su teléfono sonó. Ella leyó el mensaje y tecleó una respuesta. Siguiendo los dos en su camino por el corredor, Jade se percató de la expresión preocupada de Bruno. "¿Estás bien?", le preguntó.

"Bueno, pensé que ya habías escuchado del panel de becas".

"Jade le sonrió con confianza. "Sos el jugador estrella. Claro que lo lograrás".

Tomás Dalmazio caminó cerca, animando a Bruno. "¡Bruno! ¡Sos grande!"

Bruno asintió agradeciendo el gesto de su compañero de equipo. Jade apoyó su cabeza en el hombro de la chamarra deportiva de Bruno. "Saldrá bien", Bruno le volvió a asegurar. Él dejó de caminar y la abrazó con sus musculosos brazos. La besó en la boca con arrojo.

Jade correspondió el beso, sabiendo que todo mundo les observaba. Ella se hundió en su tibieza. Aquí era donde ella se sentía más segura. Su vida estaba a punto de cambiar para siempre, y se sentiría más segura para enfrentar el futuro con Bruno a su lado. Ella lo vio a los ojos. "¿Me dirás tan pronto recibas la carta de aceptación?"

"Pues claro", le respondió Bruno, bajando la cabeza para su último beso del liceo.

* * *

En otoño, La Universidad Nacional de Rivela dio la bienvenida a treinta mil nuevos alumnos provenientes de varias provincias y hasta de otros países. Jade era la única que provenía de su distrito periférico en Vera Cruz. Bruno no había recibido la beca. Jade sufrió terriblemente en el proceso de inscripción antes de ir a su dormitorio en la Residencia Adjunta para Estudiantes.

Ella metió la llave en la puerta del Cuarto 208 y abrió la puerta. Un chico flaco, tatuado, con sudadera sin mangas, estaba echado sobre una de las camas, escarbando en una bolsa de lona. Jade se anunció aclarando la garganta.

El chico volteó y le sonrió, y Jade se percató que este era, en realidad, una mulata hermosa. "¿Qué hay?" Sus rasgos eran balanceados y llevaba un diminuto pendiente nasal. "Soy Rina".

"¡Hola! Jade". Ella entró al dormitorio y bajó su maleta. Se dieron la mano. Rina abrió sus piernas forradas en flacos *jeans* y con el pulgar se tocó el esternón. Su remera tenía la icónica imagen del Che Guevara.

"Creo en el empoderamiento de las mujeres", declaró de tajo Rina. "Rebelarnos contra la opresión patriarcal que hay sobre la especie femenina".

Jade parpadeó. "Bárbaro. Vengo de un barrio periférico en Vera Cruz".

"Vengo de La Villa", le contestó Rina. "Mirá, que me encontré a esta sexy motociclista en el campus el año pasado en la marcha Recuperemos la Noche. Elia. Ahora ella es mi *Vin Diesel Dyke*. Ahora aporreamos a los balagardos cavernícolas. Ajusticiamos los falos y pelotas de los que manejan al mundo". Miró directamente a los ojos a Jade: "El ex de Elia quería que ella muriera de un malhecho aborto clandestino".

Jade se aterrorizó. "Dios mío".

"Loco, ¿eh?" Rina se sentó en su cama. "Elia es tan solo otra víctima de la escoria privilegiada masculino-blanca", le dijo a Jade. Y ahora las dos somos jodidas guerreras de género, ¡librando la lucha por la equidad!"

"¿Equidad? ¿Querés trabajar en los yacimientos de Vaca Muerta?"

"¿Qué?"

Jade puso la maleta en su cama y accionó el seguro para abrirla. "Ya, si quieren equidad de género, tendrán que tomar todos esos trabajos de mierda que ellos hacen, ¿no?". Comenzó a desempacar.

Rina la vio fríamente. "Yo estoy en estudios de género. ¿A qué te enrolaste?"

"Negocios. Voy a abrir una florería al regresar a casa". Jade verificó su teléfono. Sin mensajes.

"¿Una florería?" Rina gimoteó e hizo la mímica de meter el dedo en su garganta.

Jade risoteó. Rina era algo pirada, y Jade jamás había conocido a una persona así anteriormente. No importaba, Jade esperaba que las dos se hicieran amigas.

Rina saltó a su cama con una atractiva sonrisa y siguió con la conversación. "La Gestapo de los puchos posee la industria de flores, y esa oligarquía marica nos dio el Corralito. Todos esos jodidos blancos. Nunca sobrevivirás, Jade".

"¿Por qué será que me siento en un episodio de *Scream Queens*?" chanceó Jade.

Rina palideció. "La TV, la emplea la élite del poder para sedar a la clase trabajadora y controlar sus hábitos de consumo. La TV vende sexo al objetivizar a las mujeres. ¡Que se joda la TV!"

El teléfono de Jade se activó. Ella checó los mensajes. Uno de Bruno.

HOLA NENA. ¿YA INSCRITA? TE AMO.

"Ohh", dijo Jade. "Mi novio escribió".

"Conque sos una heteronormativa?", observó Rita. "Te demerita".

Jade se quedó viendo a Rita. "Estamos comprometidos", le dijo mientras contestaba el mensaje.

SÍ, YA LISTO. ESTOY CONOCIENDO A MI RUMI. SE LLAMA RINA. TE AMO.

Jade lo envió. "Me agradás. Nos divertiremos".

Rita asintió. "Tú también me agradás. Sos el tipo de chica que se amigará con mucha gente bonita", dijo Rina sonriendo.

"¡Pues claro! Fui la reina de la generación en el liceo".

Rina echo los ojos para atrás. "Bueno, Barbie, yo te protegeré de todos los pervertidos en el campus que se disfrazan de estudiantes. ¿Sabías que el setenta por ciento de las chicas universitarias serán objeto de ataque de género? Una de cada cuatro de nosotras será violada".

"¿Estás segura? Esas estadísticas parecen algo altas".

"¡Tenés razón! Las cifras son extremas. La mayoría de las víctimas ni siquiera lo reportan a la policía. Y el año pasado, asesinaron a una estudiante después de una gran marcha".

Jade se sintió mareada. "Me estás asustando".

"Y no es para menos", le respondió Rina. "La cultura en la que vivimos está dominada por los hombres que nos oprimen sexualmente. Esto es la cultura de la violación. Cualquier trinquete con un pito y un par de pelotas va tras nosotras".

"Eres tan alegre", le dijo Jade.

"Encontraron su cuerpo cerca de la fraternidad Tigres —"

"¿Qué cuerpo?"

"El de la estudiante. No te pierdas. La encontraron en la mesa de billar, desnuda y sangrando. Fue violación multitudinaria. Y cuando los desgraciados habían terminado, usaron un bate de béisbol para estallarle el cráneo".

"Mierda", suspiró Jade. "¿No te importaría si hablamos de otra cosa?"

"¿Hay de mi raza en Vera Cruz?"

"¡Es una ciudad grande!… pero en mi barrio, no. Fijate, hay una pareja de negros. Van a la iglesia de mi padre".

Rina volvió a levantar los ojos. "Decime, ¿tu novio asiste a esta uni?"

"No, no sacó beca, y sus padres no tenían para mandarlo aquí".

"¿Beca? ¿Es una especie de empollón?

Jade rió. "¡Claro que no! Es jugador de Fútbol. Fue capitán del equipo del liceo, y mediocampista Estrella". Suspiró. "Lo extraño".

Su compañera de cuarto frunció el ceño: "¿Fútbol? ¡Parecés re-edición de los Cincuenta con falda fruncida!"

"¿Qué tiene de malo el fútbol?", preguntó Jade.

"¿Es broma? ¿Todos esos animales primitivos? Mierda, nena, podés oler bolas peludas e imbéciles a leguas. Como sea, encontrarás a muchos tarados pasa-bolas aquí. Algunos de nuestros pres-graduados aspiran ser profesionales. Jugadores estrella. Las Barbie-rameras se les echan encima".

"Bruno deseaba llegar al Quilmes"

"Debieras de venir a la fiesta post-juego este sábado"

"Pensé que odiabas el fútbol"

"Así es, pero, ¿quién odia una fiesta? Vayamos juntas. Conocerás a Elia"

Jade sonrió. "¡Bárbaro!"

"Venga".

* * *

Un par de horas después, Jade salía de la biblioteca, con una pila de libros para llevar al dormitorio. Estaba oscuro y las historias de terror de Rina daban vuelta por su cabeza. Jade sentía que la observaban. Pensó si debería de comenzar a correr. Sudaba bajo sus brazos. Al cruzar el césped del campus, atisbó una figura oscura oculta en las sombras hacia adelante. Jade se congeló. La figura comenzó a moverse hacia ella.

Jade comenzó a sudar frío. Su garganta se secó. Contuvo su respiración e intentó no verse asustada. El hombre salió de las sombras. Era un tipo fornido, de piel oscura, alto. "Buenas noches".

El hombre movió amigablemente su mano conforme la saludaba, mientras caminaba. Este iba dirigido a una residencia de fraternidad.

Jade suspiró aliviada. "Holi", respondió al hombre.

* * *

Jade sacó el aire. "Me espanté en el camino de regreso de la biblioteca. Un tipo negro me espantó". Sus manos temblaban.

"Qué fue lo que hizo?" preguntó Rina, con aspecto alarmado.

Jade movió su agotado brazo por el aire. "Callá, que no fue nada. Tan solo mi paranoia. Olvidalo".

Rina se agitó entre las paredes del cuarto y se paró frente a Jade: "¿Qué ocurrió, amiga?"

"No pasó nada, en serio. Él fue muy amable".

"¿Qué aspecto tenía?"

"Él era alto". Jade intentó recordar los detalles del encuentro. "¡Ah! Llevaba unos lentes raros. Cuadrados, con armaduras blancas". Luego, ella no tenía claro si es que él llevaba lentes o era que ella había visto esos lentes más temprano en el día.

"¿Te tocó?", preguntó Rina.

Jade sacudió la cabeza. "No". Se sentó en la cama y extendió su mano a Rina. "Mirá, yo sola me espanté. ¿Podemos olvidarlo, por favor?"

"¿Seguimos en lo de la fiesta el sábado? Elia quiere conocerte. Creo que desea conocer a su competencia".

"¿Sabe ella que me gustan los chicos?"

"Elia es así de insegura".

Jade envió a Bruno un mensaje rápido de buenas noches antes de taparse y cerrar los ojos. Lo último que ella recordó antes de dormirse fue un par de lentes cuadrados de armadura blanca, y el nubloso brillo de los ojos detrás de estos.

* * *

La noche del sábado, Elia llegó. Jade fue al baño para ponerse un suéter rosa apretado y su minifalda favorita. Cuando salió, Elia dejó salir un silbido sonoro. Rina abrió una lata de cerveza y se la dio a Jade.

"Pero qué Barbie," dijo Rina, sonriendo. "Matalos, piba."

Ellas escucharon música de fiesta conforme se acercaban a la residencia de estudiantes. Jade nunca había visto tal reunión de personas en una fiesta. Las tres jóvenes avanzaron a la entrada. Estudiantes, en diverso grado de ebriedad, poblaban los escalones y el césped. Algunos de estos miraron a Jade, lo que la puso nerviosa. Al ingresar las tres mujeres, los sonidos de bajo eran tan estridentes que Jade podía sentir cada compás retumbando en su estómago. El lugar apestaba a bebidas y humo; algunos estudiantes inconscientes yacían alrededor de la sala y en la subida de las escaleras.

"¡Vamos por una cerveza!", clamó Elia. Las tres se abrieron paso entre la muchedumbre, hacia la cocina que estaba atrás en la residencia.

A dondequiera que volteara, Jade veía a personas riendo y bebiendo. Algunas de estas bailaban, y otras se besaban. Jade comenzó a sentirse liberada y algo mareada. Apenas había terminado su tercera cerveza cuando Elia le tocó el hombro.

"Te están observando, Barbie", le susurró Elia a Jade.

"¿Qué?"

"Tú normal. El negro alto cerca del estéreo. Te está desnudando con la mirada. Lleva tiempo haciéndolo". Elia eructó y señaló con una botella de cerveza justo detrás de su hombro.

Jade reconoció los lentes cuadrados con armadura blanca. Él estaba apoyado contra la pared, con una cerveza en la mano. Sus ojos se encontraron. Él sonrió, y Jade le correspondió.

"¿Conocés a ese tipo?", preguntó Rina.

"Es el de la otra noche", le gritó Jade, para que le oyera con la música.

"¿Qué? ¿El animal que te mató de miedo? Lo voy a poner en su lugar".

"No pasa nada. Yo puedo. Ya regreso". Jade comenzó a caminar hacia él.

"Hola", le dijo al chico mientras se le acercaba.

Él sonrió. "Nos vemos otra vez". Su voz era dulce como miel. "Vamos allá atrás donde podamos platicar". No fue una pregunta, y él no esperó respuesta. Un minuto después ellos estaban de pie en el patio trasero. "Soy Rig". Él le extendió su mano y Jade se la dio igualmente.

"Jade", le dijo

"Ese es un nombre lindo". Los ojos de Rig estaban clavados en los de ella.

Jade se dio cuenta de que un grupo de jóvenes y señoritas les observaban a Rig y ella. Se secreteaban algo.

"¿Podemos tener un poco de privacidad, amigos?, digo Rig.

De inmediato, comenzó a disiparse el grupo. "Claro. No hay problema, señor", dijo alguien.

"Disculpá, Rig", dijo alguien más.

"Mis seguidores", dijo él, sonriendo.

Jade rió. "¿Pues sos famoso?"

Rig se encogió de hombros, luciendo apenado. "Pues algo", dijo. "Juego fútbol soccer. Estoy reservado para la liga argentina. Y, si alguna vez me gradúo".

Los ojos de Jade brillaron de emoción.

"¡Hola Jade! Le saludaron a coro. Cuando Jade se volteó, vio a las dos chicas que había visto en la biblioteca. Las saludó. Un minuto después, dos estudiantes varones pasaron cerca y también le señalizaron un saludo. "¡Hola!", les respondió Jade, con una sonrisa.

"Oh. Parece que yo no soy el único con fanáticos", dijo Rig, sonriendo.

Jade se ruborizó. Le atraía ese crack del fútbol. El solo estar en su presencia le excitaba. Era un mundo de diferencia con lo que sentía cuando estaba cerca de Bruno. Ella sintió de repente una ráfaga de culpa.

Ella notó que Rig ya estaba encaminado en su relato: "Y cuando tenía ocho años, era solo un chiquillo flaco que le gustaban las tiras de Ka-Zar y Capitán América. Soy de Vila Cruzeiro, en Rio de Janeiro. Es el lugar más pobre que puedas imaginar".

Jade desalojó a Bruno de su mente. Ella quería besar a Rig. "Yo vengo también de un lugarcito… ¡bueno!, Dentro de Vera Cruz, pero un barrio pequeño. ¿Qué música se oye? Me gusta. Me dan ganas de bailar.

"Tiesto. El mejor DJ que hay", Rig comenzó a mover los labios.

Jade lo veía. "No puedo creer que alguna vez fuiste un alfeñique".

Rig relajó su cuello y se echó a reír. El sonido reverberó en su pecho como una tormenta lejana. "No solo era flaco, era un larguirucho". Tenía los brazos y piernas como espagueti. Era todo lo contrario de mis héroes de tira cómica. Mi autoestima estaba en el suelo. Solía caminar encorvado". Rig entonces actuó un tiro de balón. Su pantorrilla, destacando debajo de su pantalón deportivo, era el doble de ancha que las hermosas piernas de Jade. "Y ahora, mírame".

Jade respiró con arrebato. Sus ojos se ensancharon mientras que irradiaba calor hacia sus entrañas. "Oh, qué bien", espetó. "¿Cómo te desarrollaste tanto?".

"Los guisos de mamá. Y entrenar tres horas al día desde mis trece años".

"¿Una cerveza?", Rina se apareció, con dos vasitos. Elia asida a sus hombros. Jade pensó que ellas lucían totalmente embriagadas.

"No para mí, gracias. Tengo juego mañana", dijo Rig. "Pero, muchas gracias".

"Gracias". Jade tomó un vaso y presentó a todos.

"¿Así que tú eres Rig Pereira?", dijo Rina. "¿Tenés lo mismo seso que músculo, pibe?

"Bueno, pues vine por todo"

"Rig está reservado para la Liga Argentina", dijo Jade, mientras sorbía un poco de su cerveza. Notó que Elia parecía enverdecer. "Y, ¿si llevas a Elia a casa…? creo que no se ve bien".

Rina le echo un ojo a Elia. "¡Mierda! ¡Te dije que no bebieras tanto!" Tomó a Elia del brazo y la condujo de regreso a la residencia. "Luego hablamos", le alcanzó a decir sobre su hombro.

"¡Claro!"

El corazón de Jade retumbaba. Ahora le podía brindar a Rig toda su atención. Sorbió su cerveza y saboreó sus palabras, su boca. Su cuerpo. Él no se parecía a nadie que ella hubiera conocido. Era Will Smith hiper-fortificado. Ella quería que él la tocara. Diantres, ella quería tocarlo a él. "¿Vivís aquí?", ella le preguntó.

Él asintió.

"¿Puedo conocer tu habitación?"

Rig sonrió. "Vaya. Te movés rápido".

Jade le sonrió seductoramente. Él la tomó de la mano y la guió arriba por las escaleras.

* * *

Cuando Jade regresó a su dormitorio, Rina seguía despierta. Rina bajó el libro que había estado leyendo, y se sentó en la cama. "¿Cómo te fue?"

Jade sonrió. "Preguntame mañana. ¡Sigo en órbita y tal vez esté enamorada!"

Rina le hizo una cara. "Dicen que: una vez con un negro, y no regresás. ¿Es que él es *así* de bueno?"

"Increíble", dijo Jade con voz de ensueño. Se sentó en su cama, se zafó los zapatos y se lanzó a la cama. "Oh, ¡Dios mío! Tengo que escribirle a Bruno". Ella escarbó en su bolsa y sacó el teléfono.

"¿Le vas a decir?", le interrogó sorprendida Rina.

"¡Loca! ¿Tú crees? Solo le voy a dar las buenas noches". Jade tecleó un breve mensaje y entonces dejó el teléfono en la mesilla cabecera. Se estiró y bostezó.

"Perra en brama…" Rina sacudió su cabeza y apagó la luz.

Al siguiente domingo en el estadio, Jade asistió al juego de Rig. Cuando él salió corriendo del túnel, a ella le faltó el aire. Él era como un semental de crianza. Ella casi se desvanece. Conforme él corría más allá de la multitud en las gradas, chocó palmas con algunos de los chicos. Luego se agachó y besó a una chica asiática en los labios. La víscera de Jade se ahuecó. Incapaz de moverse, ella vio el primer tiempo con la mandíbula engarrotada. Sus pensamientos hervían con hostilidad e ira. Al medio tiempo, ella tuvo que sobreponerse al deseo de andar y ahorcar a esa chica. Ella tan solo imaginó asir puñados de su cabello largo y brillante y arrancárselo. Durante la segunda mitad del juego, Jade elucubró cómo hacer menos a su rival.

Tras el juego, ella esperó afuera de los vestidores, repicando su talón y ajustando ansiosamente su ropa. Finalmente, se abrió la puerta y Rig apareció. El corazón de Jade latió desbocado conforme una hermosa chica negra corrió a sus brazos. El plexo de Jade se congeló al ver a Rig besando en la boca a aquella chica.

"Oye, Rig" dijo Jade suavemente.

Los ojos de Rig se toparon con los de ella. Más, la ignoró y siguió besando a la otra chica.

La vista de Jade se llenó de bruma y la realidad comenzó a cuadrar. Ella había arriesgado su relación con Bruno—¿todo por una aventura? ¿Qué pensaría su padre? ¿Qué pensaría Rina? Y entonces el corazón de Jade se ahogó. Si Bruno lo descubriese, quedaría despechado o colérico. O las dos cosas. Seguro que la dejaría. Al regresar al dormitorio, Jade repasó sus opciones. Ella quería remediar todo. Pero no tenía idea acerca de cómo hacer todo. Entonces entró al dormitorio.

Rina levantó su mirada del libro. "¿Qué hay, perra?"

Jade estalló en llanto y se tiró a la cama.

"¿Qué pasó?" Rina se le acercó en un instante. "¿Pero ¿qué ocurrió?", le preguntó, tomando amablemente a Jade de la mano.

Jade levantó su cabeza de la almohada. "¿Podés guardar un secreto?"

"Claro", le dijo Rina. "Podés decírmelo".

Jade respiró profundamente. "Bruno me va a matar".

Rina se endureció. "Ah, ya sé de qué se trata. Rig es un vivales, ¿no? A que no me decís que te hizo una chingadera".

"Es tan vergonzoso. ¡Odio al desgraciado!". Jade sollozó en la almohada. "Me siento como una idiota".

"¿Cuántas cervezas tomaste en la fiesta?"

Jade movió la cabeza. "No lo sé".

"Con dos cervezas, te cogen. Acaso, con tres".

Jade quería que la tierra se la tragara. "¡Callá! ¡No soy una ramera! ¡Sentí algo por él! ¡Dios! Y luego en el juego—" Su respiración se detuvo.

Rina rascó su cabeza. "Así que, bueno. No sos una ramera. Pero si él le dice a cualquier persona que dormiste con él, eso es lo que pensarán todos. Todos, todas tus flamantes amigas te marginarán como puta".

Jade no quería dejar avergonzada la uni. Ella tampoco quería esconderse en su dormitorio para siempre. Sus mejillas ardían. "Estoy haciendo amigos. Saco buenas calificaciones. ¿Qué puedo hacer?"

"No fue tu culpa. Esto es, tras seis o siete cervezas, no estabas en control, ¿verdad?"

"¿Qué?"

"Presentarás una denuncia de violación", dijo Rina con calma.

"¿Violación?

Rina se puso en pie y estiró las piernas. "¿Él te tocó o besó sin tu permiso? ¿Accediste verbalmente a tener sexo con él?"

Jade se despejó el cabello de la cara. "No. Claro que no. Pero—"

"Tú querés salir de este embrollo, ¿o no? ¿Querés seguir en la universidad y algún día casarte con Bruno? Y, este tipo te jodió todo. No vales nada para él".

Jade asintió.

"Bien, ahora sos sobreviviente de violación", dijo Rina y le hizo reverencia.

Jade se sentó en su cama sin hablar, sin moverse, Un millón de pensamientos se arremolinaron en su cabeza.

La expresión facial de Rina era tan dura y fría como la piedra. "Es tu reputación o la suya, piba. La universidad pondrá a un facultativo o estudiante de posgrado para ponderar el caso… El gordo trasero del llanero ese está a nuestra merced. Decile que denunciarás a menos que te suelte dinero".

Jade palideció. "No puedo *mentir*. Soy la hija de un ministro".

Rina se jactó. "Mirá que sos vos la víctima. Él te hirió. No tenés que probar cosa alguna. La carga estará en Rig para mostrar que no te violó. Y tenés testigos para mostrar que bebiste bastante esa noche".

"¿De verdad?"

"Todo por las hermanas"

Jade jaló sus rodillas al pecho y se envolvió en sus brazos. Estuvo silente por un rato.

"Aquí es vos o él, chica", le repitió Rina.

"¿Qué pasa si Bruno se entera?"

"Presentaremos una denuncia privada. Nadie en el campus sabrá que fue con vos. Solo Rig, y unos cuantos miembros de la facultad sabrán".

Jade hizo contacto visual con Rina. "Hagámoslo", le dijo.

* * *

Al siguiente día, dos estudiantes de posgrado se apersonaron en la residencia de la Fraternidad de Leopardos con una copia de la denuncia de ataque. Informaron a Rig de la acusación y los procedimientos para resolución de la Universidad. Explicaron el proceso de resolución escolar.

Rig llamó a su madre, quien obtuvo ayuda de un organismo de servicios legales para apoyo a estudiantes inmigrantes. Pasaron las semanas. Los oficiales de la universidad intentaron expulsar a Rig. Fue interrogado por una profesora de estudios de género acerca del incidente. Rig se ausentó de la vida del campus, pero siguió con todas sus clases y horarios de soccer. Se tornó deprimido y rabioso.

El consentimiento afirmativo desplaza la obligación de probar hacia los hombres que han sido acusados de agresión para probar que el sexo fue consensual. Tan pronto como la madre de Rig consiguió un abogado, el caso se trasladó del proceso de campus a la corte estatal. El caso mereció encabezados en todos los periódicos locales.

El abogado de defensa de Rig obtuvo registros telefónicos para la línea de tiempo que estableció la secuencia de mensajes de texto de Jade. La misma Jade fue llamada a testificar, pero jamás admitió que había accedido a tener sexo. Jade perdió el caso. A Rig se le concedió una suma no revelada de dinero por perjuicios. Él dispuso un fondo de inversión para su futuro. Él jugó como estrella de la Universidad y luego fue llamado a la liga Argentina (codiciándole también los equipos Brasileiros). Rig Pereira, con ayuda de su madre, se ha hecho un multimillonario y ayudó a toda su familia a mudarse de la difícil zona de Vila Cruzeiro en Rio, sacándoles de la pobreza.

La versión de la historia de Jade fue creída por casi todas las mujeres en el campus. El departamento de estudios de mujeres hizo de ella portavoz para sobrevivientes de violación y ella habló en las protestas. Jade y Bruno cancelaron su compromiso, aunque siguen viéndose.

Lecciones aprendidas de Jade Padrés y Rig Pereira

1. En general, en los campus, las estudiantes femeninas superan en número a estudiantes varones. Siendo así, estas representan una gran fuente de ingreso para la universidad. Los programas de admisión emplean criterios de acción afirmativa para enrolar a más mujeres. Los directores a cargo de los colegios y universidades permiten que los estudios de mujeres definan normas que ayuden a que las jóvenes universitarias se sientan seguras, en consecuencia, atrayendo a más mujeres y así aumentando los ingresos para el colegio en cuestión.

2. Casi todos los presuntos ataques sexuales van acompañados de beber cantidades de alcohol y/o uso de otras sustancias.

3. En Estados Unidos, SHOUSE Law Group se especializa en acusaciones falsas de violación contra hombres.

4. Las estudiantes universitarias que afirman ser víctimas de ataque sexual tienen una multitud de razones emocionales que les motivan a disponer mentiras acerca de ataque sexual y presentar reclamaciones falsas.

5. El proceso de justicia del campus no penalizará a las víctimas. La impunidad protege a mujeres que presentan acusaciones de violación por variadas razones caprichosas.

6. Se asume que las víctimas son inocentes. Se presume que sus presuntos agresores son culpables por parte de sistemas judiciales ad-hoc que dispone el colegio.

7. No se interroga vigorosamente a las víctimas porque eso se etiqueta como culpar a la víctima.

8. Si los padres de la víctima femenina son conservadores o religiosos, es posible que esta se arrepienta

profundamente al despertarse y recuperarse de la embriaguez tras un encuentro sexual casual. Ella podrá convencerse de que fue violada en vez de enfrentar las consecuencias de sus acciones, a la vez que el escarnio de sus padres y pares. La ambigüedad respecto a los niveles de disfunción solo ayuda a permitir a auto-convencerse de determinada versión tras un encuentro sexual.

9. Si la víctima tiene un novio o prometido, su encuentro íntimo de facto podrá interferir con las expectativas de matrimonio y el potencial de un futuro feliz. Algunas mujeres se esforzarán vigorosamente para lograr la meta del matrimonio. Algunas mentirán.

10. Una mujer podrá presentar una denuncia falsa porque le interesa extorsionar al chico por la riqueza de su familia o porque tiene un probable futuro de fama y fortuna. La ambición puede ser una gran influencia.

11. Si el presunto atacante es un novio del campus que la había abandonado, es probable que ella busque venganza. Ni el infierno tiene la furia de una mujer despechada.

12. Las estudiantes de colegios en ocasiones mentirán para ganar la popularidad de su círculo social o sororidad. A una chica así se le considerará valiente y ganará una insignia de honor. Ella se hará conocida como vocera o promotora contra la violación. A ella se le pedirá hablar por lo que tuvo que pasar, y probablemente obtenga apoyo de la prensa.

13. Si ella se torna celosa acerca de cualquier cosa que él hizo o dijo después del encuentro íntimo, si ella se arrepiente de sus acciones por cualquier razón, podrá tener la inclinación a herirle emocionalmente. Ella buscará dañar su reputación en revancha por el daño de él sobre la de ella.

14. Ella podrá ser una activista radical de asuntos de mujeres, con el único fin de manipular las situaciones para llamar

la atención acerca del comportamiento masculino violento que tanto aborrece.

15. Más de la mitad de acusaciones de ataque sexual se tornan en una parálisis. No obstante, el resultado más común es que al varón se le prohibirá ingresar a varias áreas del campus, o se le expulsa definitivamente del colegio. Su futuro podría quedar cercenado antes de comenzar.

16. Se ha expulsado de universidades a estudiantes varones por siquiera cuestionar la idea de "Cultura de Violación". Ten cuidado con cuestionar cualesquier ideologías de estudios de mujeres tales como patriarcado, cultura de violación y desigualdad salarial; podría haber revancha.

17. Con el paso del tiempo, es probable que los colegios y universidades agreguen más lineamientos sobre violencia, ataque sexual o acoso. En las universidades de Canadá, por dar un ejemplo, cualquier atención no solicitada de naturaleza sexual, tal como preguntas personales acerca de la vida sexual personal, solicitudes persistentes de cita o comentarios no apreciados acerca del cabello o constitución física ya se han hecho tabú también. Lo mismo con las bromas sexistas.

18. Los estudiantes emigran de cualquier parte del mundo al país de su elección y posibilidad. Esto ciertamente pasa con los EEUU recibiendo a estudiantes para estudios superiores en sus universidades. Estas instituciones están obligadas a implementar normas de lo políticamente correcto respecto a raza, religión, género, etnicidad, orientación y cualesquier identidades culturales. Estas normas deben de cubrir una aceptación de la humanidad tan amplia como sea posible. Esto da a la institución un ingreso óptimo, y minimiza el riesgo de posibles litigios.

19. Dentro de la comunidad estudiantil, ten cuidado con personas ebrias o intoxicadas, que exhiban comportamiento sexual explícito. Contrario a la creencia

popular, las mujeres no siempre son la parte pasiva y con un poco de alguna sustancia como cerveza agregada como lubricante social, las señoritas pueden no controlarse. Estas mujeres perpetran contacto sexual, pero con frecuencia, al siguiente día inculparán a un hombre de ataque sexual. Una mujer puede representar una amenaza al futuro de un hombre.

20. Los varones universitarios deben de tener cuidado con todas las citas y relaciones en el campus. La ley requiere de consentimiento repetido, pero con frecuencia las mujeres mentirán acerca de si accedieron o no. Haz tu mejor esfuerzo por comprender todas las políticas acerca de fiestas, uso de sustancias, acciones violentas y encuentros sexuales.

21. Los hombres en las universidades deberán de acudir de inmediato a la policía y el sistema legal si se presenta una acusación de ataque sexual contra ellos. Prepárate para librar la batalla con recursos legales lejos de las comisiones del campus, que no permiten un debido proceso.

22. Los hombres de universidad pueden presentar acusaciones si son objeto de besos o contactos no deseados, lo mismo que si experimentan o saben de mujeres que transgreden otras regulaciones de las normas. La mayoría de los hombres no resultarían ofendidos por estas infracciones. Pero, los hombres deben de jugar en la arena de la equidad al usar todas las reglas que usa el otro lado.

El asistir a una universidad debe de ser la experiencia social y académica más increíble para todos. Conoce los reglamentos y normas de la escuela y adhiérete a tales. Haz de tus días universitarios un periodo notable y digno de recordar dentro de tu vida. Los años universitarios comprenden los años más emocionantes, satisfactorios y llenos de retos en la vida de un hombre. Cuando los hombres salen de la universidad, pueden esperar un viaje sorprendente. Gana y ahorra tanto dinero como puedas mientras estés sano. Retribuye a la sociedad al contribuir con tus habilidades hacia una causa que tú adores. Vive positivamente y deja tu huella.

Ya cuando dejamos nuestros días de educación superior, el futuro está a nuestro alcance y manejamos el poder para desbloquear nuestra versión más elevada del yo. La intención es creadora de nuestro futuro. Conocemos qué perillas movilizar: aumentar el auto-valor y dominar nuestra habilidad creativa. Estas palancas, perillas y botones son los que podemos usar para transportar a nuestro maravilloso mecanismo y sociedad hacia nuestros nuevos sueños. Es nuestro momento para desplegar nuestras herramientas MGTOW de carácter para usarlas y continuar el progreso con éxito al presupuestar.

* * *

Capítulo 6
Presupuesta tu Camino a Más Riqueza

A nadie de nosotros le gusta hacer presupuestos. Para algunos MGTOW, solteros, hombres Herbívoros y otros, se da el caso de que jamás hemos necesitado de un presupuesto tal cual. Ahora que hemos examinado la gama de herramientas MGTOW de carácter a nuestra disposición, las podemos aplicar hacia el presupuestado y creación de riqueza. Usa tu poder de intención. El ser frugal resulta ser el primer paso para ser millonario. Conviértete, intencionalmente, en un realizador de presupuestos. El fundador y anterior CEO de InfoSpace, Naveen Jain, alguna vez dijo, *"Ganar el juego de americano se basa en bloqueos y tacleo básico"*. En el manejo de nuestro dinero, ¡el presupuestado es justo bloquear y taclear! Pero a muchos de nosotros nos encanta el dispendio. Gastar dinero puede ser divertido y emocionante. Atraemos a gente cuando gastamos. Gastar lo que ganamos nos hace sentir libres. No obstante, necesitas tomar control de tales emociones y emprender ciertos pasos si es que deseas acumular el tipo de riqueza que puede auténticamente liberar y empoderarte a largo plazo.

Un presupuesto efectivo y balanceado comienza con el conocimiento. Necesitas entender tus hábitos de gasto y determinar cuáles erogaciones son necesarias, cuáles no. ¿Sabes en que se va tu dinero cada día? Si no es así, entonces es momento de comenzar a llevar un registro con un sencillo asiento de tus gastos diarios.

Para comenzar, necesitarás revisar tus estados de cuenta bancarios, comenzando con el mes pasado. Apunta cuánto gastaste en renta, servicios, comida, seguros y otras necesidades. Continúa con el crédito y préstamos que pagas regularmente. Finalmente, profundiza y ve todo lo demás, particularmente las pequeñas cosas. No olvides incluir ítems que compras con una tarjeta de crédito o los pagos deducidos automáticamente de tus cuentas bancarias y financieras de otro tipo.

Durante las siguientes semanas y meses, aparta unos momentos de cada día para monitorear tus hábitos de gasto. Exacto, habitúate a seguir tus hábitos de gasto. Es mejor encontrar un momento en el que tienes poca energía creativa. Algunos de nosotros tenemos energía en la mañana; otros aprovechamos el torrente creativo en la noche. Como sea que ocurra, asegúrate de que te concentres en esta actividad; esta es necesaria para que logres tus metas financieras.

Para iniciar tu rutina diaria, coloca una hoja de papel en blanco en tu escritorio o emplea un documento de hoja de cálculo en la computadora. Luego intenta recordar tus compras diarias. ¿Compraste café, desayuno o leche para los niños? ¿Recuerdas con cuánto dinero en tu cartera comenzaste? ¿Diste propinas? Inquiérete vigorosamente. No necesitas registrar cantidades exactas--puedes usar valores aproximados, cuando se requiera — tan solo evita estimaciones generalizadas a la baja.

El siguiente paso es enlistar tus pagos mensuales regulares y disponerlos en orden de prioridad. Los pagos mensuales podrán ser deducidos de tu cuenta bancaria. Luego, con base a las listas de gasto de efectivo a diario, puedes obtener una imagen mensual del destino de tu dinero. Aunque la lista variará dependiendo de tus necesidades y circunstancias individuales, el resultado final podrá verse como esto:

_____*Pago a tu fondo de inversión*
_____Renta/Hipoteca
_____Pagos Auto
_____Aseguramiento Médico
_____Aseguramiento Dental y de Visión
_____Medicamentos
_____Seguro Automóvil
_____Combustible y Mantenimiento de Coche
_____Estacionamiento, Infracciones y Casetas
_____Aseguramiento Hogar
_____Abarrotes
_____Lavandería y Tintorería
_____Teléfono
_____Gas y Electricidad
_____Televisión de Paga
_____Internet
_____Películas de Entretenimiento, Teatro
_____Salidas Lúdicas, Cenas, Citas
_____Tarjeta de crédito 1
_____Tarjeta de crédito 2
_____Otros

La Regla "Primero Págate a Ti"

Tal vez te preguntes qué es la categoría superior y por qué está resaltada y magnificada (***Pago a tu fondo de inversión***). En pocas palabras, este ítem refleja la regla más importante cuando se trata de tomar control de tus finanzas personales mensuales. ¡La única forma de confirmar que tu poder de riqueza pueda crecer es asegurarte que apartes suficiente para que esto ocurra! ¡Primero págate a ti! Asegúrate de que cierta cantidad mensual esté presupuestada para ti. Este es tu fondo de ahorro o inversiones.

Para la mayoría de nosotros, esta no suele ser la forma en la que se manejan las cosas. Cuando checamos nuestros desembolsos, podríamos comenzar con una pila de cuentas y estados de cuenta sin orden particular. Luego, pagamos lo que debemos. Tan solo *después* de que dejamos de pagar las cuentas es que pensamos en asignar montos a cuentas de inversión. Esto es en cierta medida comprensible, claro. Sabemos que los recaudadores se apersonarán sin tiento a nuestra puerta si dejamos de pagar ciertas obligaciones cuando sean exigibles. No obstante, esto suele significar que no queda suficiente remanente para el futuro.

Pero, tal pensamiento es incorrecto. De ahora en adelante, necesitarás enlistar tu pago a cuenta de inversión en la parte superior del presupuesto de cada mes. Así sea solo el equivalente a veinte dólares, o menos. Esto asegurará que cuando pagues lo que debes, habrás asegurado tu dinero para construir tu riqueza, con la certeza de que este seguirá siendo una prioridad suprema. Esta regla de Págate Primero a Ti asegura que cierta porción de todos tus ingresos se reservará para beneficiarte en el futuro. Algunos usan un pago automático cada mes. *Prográmalo y Olvídalo. (Para obtener consejos en inversiones ve el Capítulo 15, Inversión MGTOW)* Aunque muchas personas seleccionan destinar hasta el 10% de cada ingreso, las cantidades menores de todos modos representarán una inversión respetable al paso de los años.

Por Qué Funciona esta Regla

A primera inspección, la noción de reordenar tu lista de presupuesto no pinta que será de mucha ayuda. Pero existe algo peculiar acerca de los hábitos monetarios de la humanidad. Tal vez tiene que ver con nuestros orígenes evolutivos, pero generalmente preferimos pájaro en mano, que ciento… volando. En otras palabras, solemos gastar aquello que tenemos. Solamente cuando no tenemos recursos a mano es cuando limitamos o recortamos el consumo.

Ahora, empero, necesitas realizar un cambio: tienes que ser más egoísta. Necesitas asumir plenamente el hábito de pensar en tu futuro--antes que otra cosa--al hacer de tu pago relativo a inversión, una prioridad suprema. De esta manera, una vez que tu cuenta de cheques baje, habrás cubierto todo lo esencial; la mayoría si no es que todo aquello que finamente *no* compres probablemente será de hecho, opcional, como una chamarra que pasa de moda en 2 años.

Una manera de asegurar la efectividad de la Regla Págate Primero a Ti es disponer que el monto relevante se deduzca automáticamente y se deposite a la institución financiera en la que llevas tus cuentas de inversión. *¡Prográmalo y olvídalo!* Recuerda, si no lo ves, te resultará difícil gastarlo. Disciplínate a verificar de facto este proceso mes tras mes… tras mes, y pronto descubrirás que se ha facilitado el asegurar tu futuro financiero.

El hacer presupuestos es un cambio de estilo de vida. Aristóteles dijo: *"Somos eso que hacemos repetidamente. La Excelencia, entonces, no es un acto, sino un hábito"*.

En el siguiente capítulo nos pondremos creativos para encontrar algo de dinero extra.

* * *

Capítulo 7
Busca y Encontrarás

Existe cierta magia en la actividad de examinar nuestra rutina. Si usamos intencionalmente nuestra memoria y creatividad, podremos encontrar una pepita de oro. Nuestras mañanas están llenas de hábitos y rituales en los que participamos sin mucho pensamiento. Muchos de nosotros comenzamos con aquello que parece más fácil para iniciar el día. ¿Café y un bizcocho para hacer nuestros corazones latir? ¿Tomas un periódico matutino camino al trabajo? ¿Un bagel y jugo? ¿Escuchas determinado noticiero matutino en el auto? ¿El cruce del puente? Probablemente ni siquiera nos damos cuenta de que hacemos estas cosas la mayor parte del tiempo.

Al estar atrapados en estos rituales, pequeños gastos, especialmente los de la mañana, todo esto se puede pasar por alto. Pero, ahora que has escogido progresar con el crecimiento de tu riqueza, llegó la hora de dirigir la luz hacia incluso los más pequeños detalles de tu vida financiera, para verificar qué pasa allí.

El primer paso, claro, es revisar tu cuaderno de gastos (detallado en el Capítulo 6), que tiene la intención de ayudarte a tomar el control de tus finanzas. En cuestión de semanas, verás cuán grandes pueden hacerse esos pequeños ítems cuando los ejerces de forma continua. Suma todo y multiplica la suma por el número de días de trabajo en un año, y descubrirás, como el mítico Greg Johnson, quien ha estado gastando en grande:

La Lista de Compras Matutinas de Greg Johnson
en dólares

	Al día Al año
Periódico	$1.00 $300.00
Café	$2.00 $730.00
Starbucks	$3.00 $1095.00
Dona	$1.25 $456.00
Desayuno	$6.00 $2190.00
Cigarros	$3.50 $1277.00
Cerveza, vino, alcohol	$3.00 $1095.00
Soda	$ .75 $273.00
Dulces	$ .65 $237.00
Agua embotellada	$1.50 $547.00

--

\----------

$

8200.00

Greg Johnson de forma rutinaria gasta sin pensar. Su mente se encuentra pensando en otras cosas. Imagina si esas compras diarias fueran las tuyas. De ser así, podrías ahorrar tanto como $8,200.00 cada año al eliminarlas. Cierto, algunos de estos hábitos son próximos a nuestro corazón y probablemente no podrás retirar algunos de estos de tu rutina; no obstante, eso no significa que no puedas hacer adaptaciones. Pregúntate cuáles de estos son realmente necesarios. ¿Los necesitas para sobrevivir, o son un asunto meramente de hábito? ¿Puedes cesar o sustituir algunos ítems con alternativas más baratas?

En el caso del Sr. Johnson, él decidió de dejar de comprar café, donas y especiales de Starbucks por la mañana y los sustituyó con naranjas frescas compradas del supermercado y café instantáneo que compró y preparó en casa. Esto le ahorró más de $1,000.00 en un mes. Con el paso del tiempo, también dejó de comprar sodas y dulces, al usar solamente agua corriente. Cesar su adicción al azúcar fue difícil, pero hoy día él dice que se siente mejor y que ya no tiene un apuro por lo dulce. E, igual de importante, hay más dinero llegando a la cuenta de inversión del Sr. Johnson al trasladar esos dólares ahorrados a su *fondo de inversión*, y él comienza a anticipar un futuro financiero más saludable. Es un estímulo positivo el ver el balance creciendo.

Colin Powell dijo: *"Si deseas lograr cosas grandiosas, entonces debes de desarrollar hábitos en lo pequeño"*. Examina tus propios gastos y considera si puedes encontrar formas de volver a pensar y transformar los patrones antiguos. Movilízate en efectuar los cambios y entonces podremos comenzar a poner a los ahorros a trabajar para ti.

Algunos de nuestros mejores instructores, bueno, pues son las mujeres, hombres y colegas que conocemos. Podríamos incluso enamorarnos. En el siguiente capítulo conoceremos el gozo más grande de la vida y lo que ella quiere decir cuando te dice *trátame bien*.

* * *

Capítulo 8
Esa Persona Perfecta

Como hombres solteros, muchos somos socialmente dinámicos y podemos conocer a todo tipo de personas en nuestro trayecto de vida. Algunos de nosotros podríamos disfrutar de no solo conocer a una persona sino a muchas. Algunas personas nos entusiasman, otras absorben egoístamente nuestro tiempo, energía y recursos. Para muchos de nosotros - nuestra habilidad de amar y nuestro deseo de ser correspondidos es algo que nos define como seres humanos.

No obstante, hay muchas clases de amor. Si bien el amor que recibimos de nuestros padres podría ser el más grande que experimentemos, aquello que experimentamos con las personas que nosotros escogemos y que nos han seleccionado a nosotros, es la razón de nuestra existencia. ¿Qué fundamenta esa presuposición--a la vez que afirmación--de que nuestras relaciones deben de ser monógamas? Y, ¿esto debe de ser para siempre? El creer que para cada hombre existe solo una mujer con la que debe de permanecer por el resto de su vida, parece un miope cuento de hadas, más que un ideal de camino que hemos de seguir. El amor se presenta en muchos grados, niveles y formas; ¿es acaso asunto de suerte que algunas de sus instancias son "mejores" que otras? La mayoría de las personas experimentan relaciones en serie durante su vida.

La Conexión Especial

Cuando uno convive con amigos, el conectarse con alguien especial y progresar a una relación de citas es una de las evoluciones más naturales y emocionantes que podemos experimentar en nuestra vida. Claro está, las cosas no tienen que darse de esta forma precisa. La química mágica de la atracción puede pegar en cualquier momento. Tú, yo o cualquier persona--de repente, sin aviso previo, hay un momento cuando tus ojos y los de ella se topan… y se sienten uno del otro. *¡Plink!* Suenan las cuerdas del corazón con una ola emocional sacudiéndonos, nuestro estómago se siente como dando vueltas. Nuestra respiración se agolpa en nuestra garganta y se siente electricidad. La hiper-atención nos acerca más, dos corazones latiendo a la par.

En cuestión de un momento, la maravillosa danza, el ritual de apareamiento ha comenzado. De repente, ella dice: "¡Es él, el único, mío! ¡Finalmente, mi príncipe!". Pero nosotros lo vemos diferente. Pensamos: "¡Vaya que ella está buena! ¡Es mi noche de suerte!". Y sin más, sucumbimos a pensar que se ha iniciado otra relación casual y sin ataduras. Lo único que importa es que hay amor en el aire y sexo en el menú; las emociones se liberan y la vida parece tan pero tan buena. Pronto, sin que nos demos cuenta, nos hemos convertido en un ítem distintivo--"un par de tórtolos", dicen nuestros amigos y familia. La euforia se enraíza, y cada vez que estamos con ella, el estómago revolotea y los corazones se aceleran, los espíritus parecen compenetrarse, y el aire está lleno de palabras de amor. Luego, las cosas se ponen serias.

Los Sentimientos se Enraízan

Ahora, no solo sentimos amor el uno por el otro. También es respeto. Nuestra intimidad emocional y física nos hace más comprensivos y empáticos. Ninguno de los dos desea lastimar a la otra persona, pero deseamos disfrutar todo lo que nuestra pareja tiene para ofrecer. Ella es nuestra pareja sexual, nosotros somos su salida sexual. Nos hacemos más y más adictos al sabor, olor y tacto de esa persona. Las barreras espirituales, psicológicas y emocionales que alguna vez podrían habernos distinguido y definido, parecen quedar a un lado.

No obstante, esta relajación de nuestro escudo protector en breve resulta en inseguridad. Al abrirnos mutuamente, nos hemos hecho vulnerables. Comenzamos a preocuparnos porque algo salió mal. Tememos la desolación y agonía de una posible ruptura y despecho. Nos preocupa lo que dirían nuestros amigos y otras personas de nosotros si las cosas empezaran a fallar. En cuestión de tiempo, comenzamos a sentir que se deben de establecer reglas y límites para poder mantener viva la relación. Queremos constituir un frente de unidad alrededor de los demás, para lidiar con las demandas que se dificultan con el tiempo. Salen a la superficie directivas respecto a cómo debiéramos comportarnos; nos ajustamos a límites y restricciones sobre nuestras acciones y amistades.

Día tras día, comenzamos a someternos, con la creencia de que tomamos decisiones mutuas acerca de lo que es y no es aceptable dentro del marco de nuestra relación. En el nombre del amor, comenzamos a perder la visión de nuestra individualidad y de lo que queremos de nuestra vida. Nos visualizamos como una pareja, restringidos a la monogamia. Hacemos lo que ella quiere, porque deseamos sexo: ella nos acoge a causa del destino que ve para la relación. Hemos accedido respecto a un código según el cual vivir, diseñado para proteger a nuestra relación de influencias externas y la reforzamos desde adentro. Ya no más se trata de amor; ahora es un 'trátame bien y te trato bien'. Pensamos que hemos creado una clase especial de paraíso de la relación. En realidad, hemos sacado boleto a bordo del Titanic, y nos esperan icebergs temiblemente grandes.

Lo que un Hombre Necesita

Para los hombres solteros, cuando se trata de relaciones, no hay muchas reglas masculinas. Algunos encuentran que obtener una escort ocasional es algo más barato que tener citas, y, con resultado garantizado. Nos gusta que la vida sea simple y sin complicaciones, sin drama. Lo importante son los resultados, no el procedimiento, pasos o fases necesarias para llegar ahí. Tampoco notamos mucho los pequeños detalles. Estamos más interesados en hablar acerca de un home run en la Serie mundial o de la posibilidad de la cura del ébola que debatir, digamos, si los cuartos en casa necesitan pintura o acondicionamiento. Soñamos con que un día comprendamos el misterio de la energía oscura, en vez de buscar el mejor nombre para nuestro hijo/a próximo a nacer, o el color de las cortinas en su cuarto. Somos aventureros naturales, interesados en explorar el universo en búsqueda de respuestas a las grandes preguntas, en vez de destinar muchísimo tiempo y energía, al estilo de las mujeres, en probar cuán terribles somos los hombres.

Esto, claro está, no significa que no tengamos ciertos principios y requerimientos. Aunque estos varían naturalmente entre nosotros, es razonable el suponer que muchos de nosotros compartimos al menos algunas expectativas acerca de lo que queremos y cómo deseamos que nos traten las mujeres. Entre otras cosas, necesitamos que ella:

1. Nos brinde sexo--en cualquier forma, momento y lugar que lo queramos. Si no estamos satisfechos, probablemente seguiremos intentando, pero si ella no hace su parte, perderemos el interés muy rápido.
2. Ella habrá de cuidar su apariencia. De lo contrario, muchos de nosotros podríamos sentir la urgencia de encontrar a alguien que sí cuide de sí.
3. Ella debiera de ser dulce, amable, cuidadosa, honesta, espontánea y leal. Si ella es buena en la cama, eso podría compensar ciertos fallos, ¿pero por qué no habríamos de tenerlo todo?
4. Ella debiera de disfrutar la intimidad física con nosotros. Queremos que ella esté interesada y entusiasta, y que intentemos cosas nuevas. De lo contrario, tarde o temprano nuestros instintos primitivos nos animarán a ir a otra parte.
5. Ella habría de estar interesada en nosotros. Necesitamos a mujeres que resulten fascinadas y atraídas por nuestros cuerpos, mentes, almas, pasiones y vocaciones.
6. Ella podría darnos ánimos en toda la variedad de formas que pueda, y aprovechar toda oportunidad para promover nuestro ego. De lo contrario, tendría que ser, en compensación, muy buena en la cama.
7. Ser nuestra compañera y disfrutar de pasar tiempo con nosotros, compartiendo experiencias y aventuras. Pero eso jamás debiera de ser un sustituto de otras cosas, especialmente el lado íntimo de nuestra relación.

Lo que una Mujer Necesita

A diferencia de los hombres, las mujeres tienen una multitud de reglas, y constantemente se nos presiona para seguirlas. Por donde quiera que se vea, se espera que cumplamos con una plantilla prefijada y que estemos a la medida de estándares arcaicos que otras personas crearon. Las mujeres ostentan todo el poder. En la oficina o en el piso de producción, en el parque o en una tienda, en casa o en la iglesia; estamos atrapados en una telaraña de expectativas pegajosas que limitan a nuestro espíritu y que constriñen nuestros instintos naturales. Efectivamente, suele parecer que las mujeres han escrito su propio wiki sobre la materia. Si se busca en Google "cómo debe un hombre de tratar a una mujer", sale una gran cantidad de sorprendentes resultados. Parece que el *sexo débil*--con toda ironía--tiene mucho que decir acerca de lo que debiéramos de hacer, y cómo y cuándo habríamos de hacerlo.

A continuación, enlistamos muchos de sus requerimientos. Es una lista extensa, pero para nada completa. Si eres uno de los cada vez menos hombres que cree que tenemos que adaptarnos a tales expectativas solo para poder acceder a lo que está dentro de sus pantaletas, entonces solo resta decir: ¡lee y llora!

1. Debemos de ser amables, serenos y tratarla con respeto en todo momento--aún si ella no lo merece.
2. Tenemos que confiar en ella implícitamente. Aún si ella dice o hace algo que no sea realmente Kosher, Dios nos perdone si cuestionamos su integridad.
3. Jamás podemos mentirle. Seguramente, ella lo descubrirá de todos modos y nos hará sufrir por ello.
4. No hablar de nuestras ex y novias anteriores. Ella de por sí ya odia a estas mujeres, y podría usar cualquier

excusa para salir a cazarlas.

5. No la veas a los ojos con mucha agresión. Hagas lo que hagas, asegúrate de ser la primera persona en pestañear.

6. Aprende a pensar como ella. Se llama leer su mente-- sin que ella lo sepa (sí, así mismo).

7. Debemos de estar en contacto con ella, y solo con ella. Llámale, envíale textos y emails de forma constante; eso le ayuda a tenerte controlado. Ella te posee y jamás debes de experimentar esa conexión especial con otro ser humano. Ella quiere toda la atención de tu vida.

8. Más nos vale pagar todo, ya sea en los restaurantes, películas, eventos especiales, o cualquier otra cosa. Ni se te ocurra proponer Mitad y Mitad si quieres salir bien librado.

9. Recuerda hacerla sentir especial constantemente. Cómprale chucherías de sorpresa. Déjale pequeñas notas. Dile lo maravillosa que es (porque, luego querrás esa chupada, ¿cierto?).

10. Sé ciego respecto a otras mujeres. Tal vez desees pensarlo dos veces--o mucho más que eso--antes de decirle que una de sus amigas es hermosa. (Anda y prueba: ¡Te reto!)

11. Elogia como se ve, incluso si con eso mientes. Si no estás seguro, cruza tus dedos sin que ella vea (tú solo piensa: chupada, chupada).

12. Debemos de escuchar y prestar atención cuando ella te habla. Toma notas. *Habrán* preguntas después.

13. Jamás la interrumpas cuando ella habla. Esto no se trata de ti, tontín. Es acerca de…...*ahm...eh...* ¿qué?

14. Debemos de brindarle apoyo emocional. Asegúrate de tener en tu bolsillo un paquete de pañuelos y que tu hombro no tenga caspa. Créeme, ella tendrá una multitud de crisis emocionales, ¡y más nos vale estar disponibles!

15. Necesitamos aprender a oler las rosas. Jamás te quejes

de los desodorantes, perfumes y otras fragancias que ella escoja. Estos cuestan muchísimo y ella espera que a ti te encanten.

16. Asegúrate de que ella está "dispuesta". Ella es mujer, y sus ánimos fluctúan con la luna. Sigue sonriendo (y olvida la chupada).

17. Habla, habla, y habla (excepto cuando tengas que escuchar) con ella. Haz conversación. Todo el tiempo. Hasta cuando ella esté callada. Ella necesita de tu atención. Siempre.

18. Ama a los gatos. Sí, de verdad. Aunque odies a esas bestias felinas y sus bolas de pelo. Los gatos son fenomenales, sobre todo los de ella, sus amigas y familia.

19. Presúmela. No olvides presentarla con todos tus amigos y colegas con pompa y circunstancia. Siempre funciona mejor usar reverencias, gestos y sumisión.

20. Protégela (incluso al costo de tu propia seguridad). Actúa como si fueras Kevin Costner en *The Bodyguard* (chupada garantizada).

21. Dile que es hermosa (aun cuando no luzca así). Los elogios te llevarán a cualquier parte. Pero recuerda, jamás digas mentiras. ¿Entonces?

22. Comprende que ella es una suma de partes. Ignora las verrugas y jamás critiques cualquier aspecto de su anatomía.

23. Mantente en sintonía con sus sentimientos. Si ella está feliz, tú así lo estás. Si ella está triste, tú estás triste también. ¿Estamos?

24. Recuerda: sus amistades son tus amistades (así parezcan los siete enanos). Sé feliz, no un amargado.

25. Solo hay una respuesta a la pregunta: "¿Me veo muy nalgona con esto?". Jamás des la respuesta incorrecta. ¡Jamás! En esta ocasión se te permite mentir.

26. Las cosas en su lugar, limpias y ordenadas. Sin bromas pesadas, sin echarte pedos o escarbarte la nariz. Ya no

estás en el vestidor del deportivo.

27. Sé un novio acomedido, un Superman en la cama--oh, sí, el hombre de acero. De la cintura para abajo, al menos.

28. Trátala como realeza. Las princesas son chiquillas; tu mujer es una reina. "¡De rodillas, plebeyo!"

29. Olvídate de tus amigos y conocidos varones. Olvídate de la noche de bolos, de la de póker, y de pasar tiempo con tus amigos. Tus días de diversión terminaron.

30. Lleva un diario. Nunca olvides su cumpleaños, el día en que se encontraron, o la primera vez que compartieron un Twinkie. De hacerlo, excúsate sobradamente y recuerda asentar el suceso (si quieres evitar el infierno).

31. Tócala, tómala de la mano y dale un abrazo. Siempre intenta mantener alguna clase de contacto físico (excepto cuando ella no lo quiere, cosa que típicamente sabrás solo tras intentarlo).

32. Sé romántico. Marca su nombre en los árboles. Tráele flores sin razón alguna. Tapiza el Facebook de "selfies" suyos.

33. Llámale mi amor, terroncito, dulzura, puchunguita o palabras así. Si no se te ocurre nada, checa en Internet.

34. Invierte en tu relación con ella. Y eso no solo representa dinero; también significa dinero, energía, emociones, y mostrarle apreciación a raudales por estar ella en tu vida. Luego gasta dinero para demostrar que es cierto.

35. Nunca la des por sentado. ¿Ves el suelo que ella pisa? Tú lo adoras, ¿verdad? (Y no olvides decirle que además, sabe delicioso).

36. No la trates como si fuera uno de tus panas, porque ella te tratará como perra.

37. Jamás le levantes la mano, incluso si ella da el primer golpe. Ella es mujer, y jamás deberás de olvidarlo.

38. Nunca la ignores. Incluso si ella se planta estorbándote y te grita a la cara; solo mantente ahí sonriendo, y

espera.

39. Sé caballeroso. Y si no sabes qué significa eso, por Dios, googléalo.
40. No tengas deslices. Tu mejor amigo se queda en tus pantalones… o lo pierdes. Ella se volvería violenta, suspicaz y vengativa, y hará de tu vida un infierno.
41. Jamás le des órdenes. Cada mujer quiere a un hombre dominante--pero tu mujer, no.
42. Jamás la trates como mesera. Guarda tu cerveza en el anaquel de arriba, y cuando quieras una, ve tú mismo.
43. Ábrele la puerta. Toda puerta. En todas partes.
44. Confía en su intuición. No cuestiones cuando ella tiene un cierto "sentimiento", tan solo prepárate para lo peor.
45. Evita el sarcasmo, a menos que sea sobre alguien o algo que le disgusta a ella. Perderás, mi amigo. Las mujeres nacen con el sarcasmo corriendo en sus venas.
46. Jamás retes su autoridad. Eres solo el macho alfa en tanto ella esté a cargo.
47. No la avergüences frente a otros, especialmente sus amistades. Si lo haces, será la primera y última vez.
48. Sé amable y generoso. Siempre déjale la última rebanada de pastel, aun si ella pudiera, digamos, vivir con menos calorías.
49. Siempre acepta la respuesta 'no'. ¿Migrañas? ¿Se lava el cabello? ¿Se pinta las uñas? ¡"No" es no!
50. Suspira su nombre al terminar. Y por tu bien, asegúrate de que sea su nombre, ¿de acuerdo?

Lecciones Aprendidas

Aunque muchas de estas "reglas" solo parecen necedad o tontería, son, de hecho, improductivas y dañinas para los que creen en ellas y las aplican. Invariablemente, crean obstáculos e inconvenientes que terminan en decepción y fallas. Justo como lo expresó el afamado experto de artes marciales Bruce Lee, *"No estoy en este mundo para cumplir con tus expectativas"*. Tal vez también, como lo dijo el actor canadiense Ryan Reynolds: *"Cuando tienes expectativas sobre otras personas, te preparas para la decepción."* En realidad, muchas mujeres tienen demasiadas expectativas cuando se trata de los hombres y las relaciones. Las mujeres empuñan todo el poder con estas reglas, pero las relaciones generalmente perjudican a todas las mujeres. Cuando las mujeres quedan decepcionadas, cortan al hombre y quedan paranoicas y amargadas. No es de extrañar que las mujeres se quejen de no poder encontrar a un "buen" hombre. Simplemente, nadie puede medirse contra ese modelo. El resultado es que la mayoría de las mujeres resultan heridas, y permanecen como víctimas perpetuas; todo dadas las expectativas extrañas e inalcanzables de lo que *otros* debieran de hacer.

En honor a la verdad, las expectativas que las mujeres tienen son su problema, no el nuestro. No existe esa persona perfecta, excepto en las novelas románticas para mujeres y las 'chick flicks', y no debiéramos de intentar asumir un pensamiento de ese tipo. Además, es nocivo para nosotros el suprimir nuestros instintos naturales y participar de un comportamiento así tan antinatural. Además, en ningún lado está escrito que el tener pareja formal sea requisito para felicidad en la vida. Cada persona es impresionante en su propia forma, y entre más conexiones establezcamos, mejor; todo ello es un componente esencial de nuestra hechura genética.

Este autor alguna vez dijo: *"Debemos de escribir nuestras propias reglas y aceptar el disfrute donde sea que lo encontremos"*, y esto sigue siendo cierto. El primer paso hacia la felicidad es tomar conciencia de las presiones de un mundo ginocéntrico, las que desvirtúan nuestras aspiraciones y ayudan a transformarnos en devotos de la vagina con vocación suicida. Debemos también estar conscientes sobre cómo nuestros instintos sexuales trabajan en contra nuestra, permitiendo que el dinero vaya de nuestro bolsillo al de ellas. Debemos de ser fuertes e independientes, felices y saludables, y amos de nuestro propio destino.

Llegó el momento de fijar las reglas básicas para asegurar nuestra sobrevivencia financiera. Los siguientes capítulos examinarán nuestros comportamientos personales acerca del dinero que tenemos hoy. ¡A tomar nota!

* * *

Capítulo 9
Ahorros de Dinero

William Shatner dijo: *"Si ahorrar está mal, no quiero estar bien."* Y el guitarrista Charlie Byrd dijo, *"Un músico necesita aprender a ser frugal y administrar con cuidado sus asuntos financieros"*. En el capítulo pasado, aprendimos sobre cómo tratar bien a las mujeres, y los costos de ello. Sabemos que cada individuo es diferente, así que no es justo tratar a cada mujer de igual forma, cada cual requiere tratamiento personalizado. En este capítulo aprenderemos acerca de nuestros hábitos de gasto. Pero, como con todo en este libro, una estrategia de creación de riqueza funciona mejor cuando se la adapta a tus circunstancias únicas. Esto significa que necesitas revisar toda la gama de tus gastos diarios, semanales y mensuales para tener claro a dónde va tu dinero. No tienes que volar a ciegas, por supuesto. Una lista de las actividades de gasto y sugerencias que otros han considerado, puede servir como guía de ayuda para iluminar en dónde están los posibles ahorros de dinero. Aquí hay tan solo unas cuantas cosas en las que desearás pensar:

1. MGTOW: No tengas hijos. Cuesta aproximadamente US $300,000.00 criar a cada niña o niño hasta los dieciocho (excluyendo colegiaturas de colegio).
2. MGTOW: No te cases.
3. MGTOW: No persigas o intentes impresionar a las mujeres al pagar autos caros, citas extravagantes y lo último en ropa y accesorios.
4. MGTOW: Reduce las compras de regalos en aquellas festividades especiales tales como San Valentín, Día de la Flor y Navidad. El estar con alguien y disfrutar de su compañía o de una

llamada a una persona especial es algo sin costo, personal.

5. En vez de comprar libros y revistas, por qué no usar los recursos que están disponibles sin costo en Internet.

6. Sé miembro de la biblioteca; libros, películas y CDs, lo mismo que incluso tiempo de internet, usualmente están disponibles sin costo.

7. Vigila cargos regulares, recurrentes de Amazon Prime y Spotify.

8. El periódico diario: Si no puedes vivir sin tener un periódico físico, ¿qué tal si compartes el costo de la compra con alguien de tus amigos?

9. Los estudios han mostrado que, en la mayoría de los casos, el agua embotellada no es en realidad mejor para ti que la que sale del grifo. ¿Y si optas por lo segundo?

10. No cae bien pasar frío, pero podría ser mejor para tu futuro financiero si le bajaras al termostato, y en su lugar, te colocaras ropa protectora y pulóveres.
En invierno: Tal vez quisieras considerar cerrar esas habitaciones que no usas, para ahorrar aún más en tus cuentas de calefacción.

11. Las redes sociales podrían instigar comparaciones con los que Ostentan, o con todos tus amigos en Facebook. Esta competencia puede resultar onerosa y usualmente no es algo realista. Ajusta el uso de redes sociales y presta atención a cualquier entusiasmo artificial por comprar cosas para "presumir". Recuerda que la gente muestra solo lo mejor que tiene, y no ves la situación completa.

12. Intenta eliminar esos placeres poco sanos y las calorías vacías que medran tus bolsillos. Cigarrillos, té, soda, puros, alcohol, dulces,

donas y vino pueden resultar muy caros--en más de una forma, sobre todo, a largo plazo.

13. Será un básico de la vida diaria, pero el café puede resultar un hábito caro. Elimina o reduce tu consumo a la mitad. Deja de ir a las tiendas caras--¿es que su marca es *tanto así* mejor? En su lugar, estira tu presupuesto con café instantáneo y marcas libres en las tiendas, o incluso cambia a agua caliente pura.

14. Echa un vistazo a todas las otras cosas en tu vida que alguna vez parecieron ser indispensables pero que ya no se necesitan. Cancela en clubes de libros, así como la suscripción a *Sports Illustrated* y comienza a pensar si es que realmente necesitas toda esa ropa y accesorios de lujo.

15. Es difícil dejar de conducir, especialmente si necesitas de un auto para ir a trabajar, pero tal vez puedas evitar todos esos pequeños viajes añadidos que te cuestan dinero extra por el combustible y el estacionamiento. ¿Por qué no ir en bicicleta, caminar o usar el transporte público en su lugar? Tu auto seguirá en buenas condiciones por más tiempo, tu balance mejorará y tu cuerpo casi seguramente te lo agradecerá.

16. Por supuesto, eso no habría de ser el único ejercicio que te des. En vez de pagar una cuota mensual de membresía al gimnasio, por qué no entrenar en casa, salir a caminar o correr alrededor de esos maravillosos exteriores, dónde también inhalarás algo de aire fresco.

17. Si tú no puedes vivir sin ir a los eventos deportivos importantes, ¿qué tal si reservas los asientos baratos e invitas a amigos para disfrutarlo? ¡Será buenísimo! Si pagas por *NFL Sunday Ticket*, comparte el costo al invitar

amigos a casa, los que colaborarán con el costo o traerán la comida.

18. El seguro para el auto es otro gasto sin el cual la mayoría de nosotros no puede funcionar. Pero eso no significa que no puedas hacer nada al respecto. Busca otros precios o contacta a tu agente de seguros para ver si puedes, prudentemente, reducir tu cobertura existente, elevar tus deducibles o eliminar ciertas opciones, tales como remolcado y pérdida de uso, que probablemente ni necesites.

19. Aprovecha los programas de ahorro de "afinidad" y otros. Muchas aseguradoras, por dar un ejemplo, tienen ofertas especiales para las personas que no fuman, que fueron a determinado colegio o que trabajan para una organización en particular.

20. Pide descuentos a dondequiera que vayas. Solo porque un vendedor tiene un precio dado para ese par de pantalones o algo más que necesites comprar, no quiere decir que no puedas obtenerlo más barato, sobre todo si dejas claro que podrías irte y comprar en otra parte.

21. Si necesitas un cambio de aceite, un corte de cabello o algo así, ¿por qué no empleas cinco minutos buscando en Internet por si encuentras un cupón u oferta especial? O si alguien ofrece el producto o servicio en cuestión a un precio reducido. En sitios como Craigslist podrás encontrar a una persona como tú que desee hacer trabajo barato para aumentar sus ingresos. En situaciones como estas, un buscador como Google puede ser el mejor amigo de quien va creando su riqueza.

22. El re-pensar la forma en que manejas tus necesidades de banca diarias puede también

pagar dividendos. Se te carga comisión cuando retiras dinero de cajeros que no están asociados con tu institución financiera, esto puede ser tanto por el operador del cajero *como* por tu banco. Estos cargos pequeños pueden, de poco en poco, acumularse. Si no puedes usar un cajero de la red, intenta encontrar uno con baja comisión u obtener *cash back* extra con tu tarjeta de débito cuando compres tu café instantáneo en la tienda de abarrotes.

23. No te olvides de todas las otras cuotas que cargan los bancos. Podrías ahorrar al menos cien dólares o más al año por mantener un balance en tu cuenta superior al que manejas ahora. De lo contrario, tal vez deberías de pensar en cambiarte a una institución que ofrezca mejores términos. También debieras de evitar cheques rechazados o el uso de servicios no esenciales. Los bancos ganan muchísimo dinero por las cuotas que cargan; no les permitas ganar a costa tuya.

24. Los cargadores de teléfono y computadoras que se dejan conectados 24 horas al día son costosos. Las TVs con pantalla grande usan energía excesiva.

25. Finalmente, pero no menos importante, recuerda cuestionarte a ti mismo, así como preguntar a los demás. La gente siempre encuentra una mejor oferta o forma de ahorrar. El aprovechar del conocimiento de amigos, colegas y redes sociales de Internet, ¡puede ser una gran forma de asegurarte que gastas menos y tienes más!

El ahorro de dinero es el comienzo en tu camino para experimentar riqueza. Habríamos de tener una meta intencional del equivalente a US $1,000 a $3,000 en ahorros.

Una vez que hayamos ahorrado ese mínimo para invertir en un fondo, usaremos esos ahorros para abrir nuestra cuenta de inversión. En el próximo capítulo examinaremos las formas de ganar más dinero cada mes, en ruta a nuestra meta fijada.

* * *

Capítulo 10
De Ahorrar Dinero a Hacer Dinero

Actualmente, los hombres buscan muchas formas para hacer de aquello que tienen, algo que trabaje mejor para ellos y aumentar sus aspiraciones a largo plazo. El rango de oportunidades potenciales se extiende mucho más allá de componer malos hábitos y tener economía de frugalidad. En realidad, estos involucran volver a pensar en las prioridades, re-evaluar estilos de vida y reconsiderar sus arreglos de vida. Aplica tu fortaleza, destreza y habilidades creativas. A continuación, están algunas formas de hacer dinero que bien podrías considerar:

1.   MGTOW: Comienza un plan de inversión.
2.   MGTOW: Compra una Máquina Barredora y presta servicio de cavado y remoción de nieve.
3.   MGTOW: Cámbiate con tus pares o parientes, o invítales a hacer lo propio. Renta un cuarto a un amigo, pariente o compañero/a no sexual. Vive en un vehículo recreativo o de forma comunitaria con otras personas en una casa, granja o departamento grande. Alquila tu cochera como almacén personal o espacio de estacionamiento alternativo.
4.   MGTOW: No te cases. No tengas hijos ni críes a los hijos de otras personas. Usa condones, hazte la vasectomía y apoya el uso de la píldora de control natal para el hombre.

5.   MGTOW: Compra un generador magneto o máquina de agua AWG. Conviértete en aquél que planea para lo peor.

6.   MGTOW: Únete al ejército u otras organizaciones que te podrían permitir vivir bien y ahorrar.

7.   MGTOW: Comienza un servicio para pasear perros si amas a esas criaturas.

8.   MGTOW: Compra y vende recuerdos deportivos u otros ítems en eBay.

9.   MGTOW: Intenta obtener dinero de tus pasatiempos. Considera participar en negocios en los que puedas comprar o reparar bienes desechados o dañados y revenderlos a precios más altos. Proporciona servicios que te permitan transformar tu talento en ingreso (talentos creativos o capacidades, como lo son: escribir, programación de computadoras, carpintería, acabados y pintura de casas). Comienza tu propio pequeño negocio. En la mayoría de casos, sabrás intuitivamente si es que este es tu destino y si te proveerá un futuro de riqueza, además de felicidad.

10.   MGTOW: Crea videos de YouTube sobre tu pasatiempo, mascota o asunto de tu preferencia. Sácales dinero y si son breves, divertidos o profundos, pueden hacerse virales.

11.   Haz emparedados para llevar al trabajo. Come tus comidas en casa en vez de comer fuera. Recorta el gasto en comida chatarra o procesada como serían papitas, galletas, soda y bebidas energéticas. Evita la carne o busca una variedad o corte menos caro. Compra por volumen si se puede.

12.   Compra en línea o en supermercados de gran descuento. Busca comprar ropa de buena

calidad, camisas de franela, cinturones, sombreros y accesorios en tiendas económicas o de *outlets* o saldos.

13. Pregunta a los vendedores cuándo habrá ofertas de los productos y espera los descuentos de vacaciones u otras temporadas. Obtén tarjetas de lealtad de supermercados y otros vendedores, que ofrecen ahorros especiales en línea y en tienda. Regatea con los proveedores de teléfono, internet y televisión de cable buscando descuentos de "nuevo cliente" o de "retención".

14. Siempre usa una lista de compras. Si no está en la lista, no lo compres.

15. Medita al dormir las compras importantes. Antes de que compres, espera varios días y permite que tu mente evalúe los pros y contras (más adelante en el libro, hablaremos de la cibernética). No compres cosas por razones emocionales como: hambre, estrés, enojo o júbilo.

16. Intercambia ('trueque') bienes y servicios con otros.

17. Anda en bicicleta, camina o toma transporte público para ir a trabajar--y a cualquier otra parte. Si es que debes usar el auto, asegúrate de que las llantas están a la presión indicada y que el motor está afinado, y no aceleres de más, ya que todos estos hábitos y disciplina te pueden ahorrar dinero. Considera compartir el auto con tus amigos.

18. Invita a tus amigos a tomar café o alguna bebida barata en vez de salir a la calle. Busca y alienta el apoyo de amigos que disfrutan de tu compañía y tienen intereses similares. Toma ventaja de las oportunidades de voluntariado para conocer a

nuevas personas y participar en eventos y experiencias sin costo.

19. Descubre en dónde están los trabajos más prometedores y con mejor paga. Enfílate hacia aquellos que dan el balance ideal entre tus requerimientos de estilo de vida y el dinero que puedes ganar. Trabaja horas extra, fines de semana y días feriados mientras seas joven. Cuando la economía de un sitio cercano tenga auge, intenta ser parte de ello. Considera mudarte a una región, estado o país diferente en busca de oportunidades que ofrezcan prospectos a largo plazo. El trabajar en Arabia Saudita y otros países árabes paga bien y aprenderás de primera mano cómo es una monarquía religiosa. Y regresarás a casa con tus manos repletas de dólares.

Hay todavía otra área posible donde puedes ahorrar algunos dólares. Se trata de otro hábito. En el próximo capítulo, examinaremos el fino arte de alterar la mente.

* * *

Capítulo 11
El Costo del Vicio

Para algunos de nosotros, el ponernos en órbita, "hasta atrás", "chidos", o pasarnos, es una especie de recompensa. Puede sentirse como el inevitable paso a seguir cuando celebramos una victoria o al relajarnos tras una semana larga y difícil. Algunos podrán rechazarlo, pero nadie tiene derecho a detenernos. Con todo, la experiencia sugiere que la moderación en todas las cosas es lo mejor. El mantener cierto equilibro permite que nuestros yo físico, emocional e intelectual funcionen a niveles óptimos. Con frecuencia nos encontramos más emocionados y enriquecidos en la travesía de nuestra vida cuando nuestras partes constituyentes están en un balance razonable. Una bioquímica balanceada y activos financieros seguros crean un dopado natural.

No obstante, es difícil resistirse a la compulsión a libar, inhalar, ingerir o participar en esas cosas que pueden alterar nuestro humor y estado mental. Desafortunadamente, muchas son adictivas, lo que crea una dependencia que puede herirnos financieramente, disminuir nuestra habilidad para disfrutar de otros placeres y algunas también dañan nuestro cuerpo y mente. Hay muchas razones por la que las personas sienten el impulso de ir en esta dirección, pero tan solo aquellos de nosotros que participan pueden saber lo que ocurre al interior. ¿Es que huimos de la ansiedad o problemas emocionales? ¿Estamos enfadados porque ella pidió el divorcio? ¿Nos sentimos deprimidos o desvalorizados? Podría ser mejor enfrentar todo ello sin atenuantes. Si tú puedes "conocerte a ti mismo" con una mentalidad más serena, bien puedes hacerte dueño del universo.

Nadie sabe bien a bien, pero podría ser simplemente un reflejo del ingenio del hombre, o tal vez, una fuerza instintiva, lo que nos ha llevado a descubrir un número de sustancias y actividades que nos pueden elevar, al menos de forma temporal. Muchos de nosotros podríamos no estar conscientes de cuántos de estos estimulantes tenemos, o del hecho de que aquellos que ni notamos podrían causar muchísimo daño. Algunos de los ejemplos más comunes son:

1. Café. Solemos considerarlo como el perfecto despertador matutino, pero podría ser mejor que usásemos alternativas más baratas y menos adictivas.
2. Cigarrillos. Si puedes dejar el hábito, vivirás más tiempo y respirarás con más vigor.
3. Puros. Ahorra un par de monedas (y tal vez incluso harás que otras personas te agradezcan un aire más limpio) si limitas su uso.
4. Masticar Tabaco. Es una adicción en la que tienes que escupir… mucho. Asqueroso.
5. Alimentos dulces. La elación de los dulces, donas y caramelos se disipa rápidamente, pero los efectos en tu salud podrían ser duraderos.
6. Bebidas azucaradas. Muchas sodas, bebidas deportivas y energéticas contienen una gran cantidad de endulzantes. ¿No sería mejor ser saludable, purificarse y mejorar tu salud financiera al beber agua?
7. Alcohol. Evita bebidas espirituosas, cerveza o vino cuando estés disgustado, frustrado o deprimido. Reduce consumo en las comidas y tu cuenta bancaria te lo agradecerá.

8. Apuestas. Apostar a los caballos, apostar en casinos y apostar en línea podría parecer una diversión inocua, pero cuando se te acabe la suerte, las pérdidas financieras únicamente se sumarán a tus problemas. Una cartera vacía podría fomentar el uso de alcohol u otras falsas salidas.

9. Mariguana. El enfrentar francamente tus problemas, en vez de recurrir a fumar mariguana, es la mejor forma de reducir ansiedad o estrés.

10. Cocaína y Speed. No solamente son altamente adictivas, son definitivamente perjudiciales para tu salud.

11. Analgésicos: Muchos de nosotros requerimos de ayuda para superar el dolor de lesiones o cirugía; tan solo asegúrate de que esto sea una solución temporal. Estas píldoras llevan a millones al uso de heroína y a un quiebre total de la vida.

12. LSD, Molly, Hongos, MDMA y otros psicodélicos. Así de fácil, con una vez ya fue demasiado. Con todo, la experiencia ocasional puede abrirle vertientes creativas a algunos.

Tal vez participemos de estas cosas alguna vez. Tal vez seamos felices haciéndolo más a menudo, ahora que nuestras novias y esposas tóxicas están fuera de nuestra vida. Tal vez ese tipo de subidas y bajadas se han vuelto las muletas en las que nos apoyamos o los hábitos que hemos dejado de notar siquiera. Cualquiera que sea el caso, todas estas tienen el potencial de alterar nuestros caminos neuronales de forma que pueden llevarnos a mayor uso--justo lo que caracteriza una adicción.

Modifica Tu Hábito

Para esos de nosotros que se percatan de que debemos de cambiar nuestro uso de sustancias, el primer paso es dilucidar qué es lo que quisiéramos limitar o detener. Después de todo, somos soberanos sobre todo lo que hay en nuestra vida. Pero tan solo es después de que tomamos la decisión cuando pueden darse los cambios. Usa tus herramientas de carácter MGTOW de intención, fortaleza y determinación. Esto no significa que será fácil. Cualquiera que esté o que se haya atado al uso de una sustancia o cierta actividad, sabe lo difícil que puede ser el terminar con la adicción. Podría ser de utilidad el conocer las estrategias correctas o tener acceso al tipo apropiado de ayuda.

Un método podría llamarse el método de sustitución. Digamos que usas con frecuencia o que eres adicto a la sustancia X. Cuando tienes la urgencia de usarla, intenta remplazar todo o parte del estimulante en cuestión con una alternativa más sana. Si, por ejemplo, es la noche de viernes, en la que por costumbre consumes un número excesivo de cocteles, intenta remplazar la tercera bebida con agua simple, o jugo. Si repites este proceso cada vez, pronto habrás establecido una rutina que te hace sentir mejor, y de la que podrás congratularte. Los refuerzos positivos radican en que has alcanzado una pequeña meta en la reducción (además de, probablemente, ahorrar dinero). El dominio viene con la práctica.

Otra estrategia similar es el cambiar un comportamiento por uno mejor. En vez de fumar el material X y sentarte a platicar con tus amigos, intenta algo diferente. Detén el impulso de prender la lumbre e intenta pararte y bailar con tus canciones favoritas. De forma alternativa, cuando tengas la urgencia de ingerir o libar, intenta correr, entrenar, meditar o participar en alguna otra actividad que realmente disfrutes. Una simple caminata de veinte minutos calmará tus pensamientos y compulsiones. Con el tiempo, esta segunda se hará la recompensa que ansíen tu mente y cuerpo. Claro, el tomarte el tiempo para descubrir que es lo que te gusta y adoras puede facilitar el encontrar una alternativa apropiada.

A veces, sobra decirlo, no podemos hacerlo nosotros solos. Sin duda, contrario a lo que a veces se hace creer a los hombres, jamás debiéramos de temer a pedir ayuda. Esto significa conectar y obtener asistencia de amigos y familia, profesionales de la salud o aquellos que han ayudado a otros adictos en sus esfuerzos para dejarlo. En muchos casos, ellos pueden ayudarnos a comprender quiénes somos y qué necesitamos, luego nos acompañan por las zonas oscuras de nuestra mente, para encontrar la luz.

Podríamos tener que dejar ir una amistad, otrora compañero de vicio. Los amigos son lo mejor que hay en el mundo a menos que sean usuarios pesados de sustancias. Porque siendo así, siempre se da una influencia negativa en nuestro comportamiento.

La Vida del Soltero es Maravillosa

La vida como hombre independiente puede estar llena de ocasiones increíbles, pero es importante que apreciemos y seamos buenos con nosotros mismos. La buena salud conduce a la riqueza. El preservar nuestra forma física y sanar nuestras almas conforme recorremos la autopista de la vida puede darnos sus propias recompensas, pero así lo es también tener una máquina bien aceitada, afinada y operando al punto, cosa que los demás aprecian. El desarrollo de hábitos de manejo de dinero e inversión dará dividendos que no puede dar una sustancia de hábito. Sí, todos tenemos debilidades, limitaciones y golpes; pero al final del día, todo lo que reside en nosotros, tanto dentro como fuera, es perfecto. Y con todo, hasta lo impresionante requiere de atención y cuidado.

¿Alguna vez has deseado una casa, o alguien te ha dicho que debieras de tenerla? El siguiente capítulo echa un ojo a tu particular estilo de vida, con la intención de que tú mismo respondas a esa cuestión.

* * *

Capítulo 12
¿Un Futuro en Bienes Raíces?

En otros tiempos los ancianos sabios y los consejeros les recomendaban a los adultos que se independizaban que consideraran ser dueños de una casa. Una residencia personal se veía como un activo seguro que subiría de valor conforme nuestras vidas progresaran y los hijos crecieran. Ya cuando aquellos abandonaran el nido, sus propietarios podían simplemente disfrutar del retiro y vivir sus días en comodidad pacífica y serena. Para muchas personas, un hogar en los suburbios era verdaderamente el sueño americano, tener un "techo" es siempre una noción venerable, un lugar seguro y feliz donde criar una familia.

Pero los tiempos han cambiado. Además de una subida repentina de los riesgos de tener propiedades, no todo mundo desea ese viejo sueño arquetípico del matrimonio, niños y dos autos en la cochera. Y millones de matrimonios se terminan. No todos esperan una existencia de abuelos al lado de tu acompañante de vida. Para los solteros confirmados y MGTOW jóvenes, el enfoque inmediato tiende a ser "las necesidades primero" y no preocuparse sobre adentrarse en una propiedad. Si vives con tus padres, por ejemplo, podría valer la pena seguir así hasta que hayas ahorrado un monto significativo. En realidad, a menos que ya tengas una esposa e hijos, tienes muchas opciones abiertas. Puedes usar eso que tienes para establecerte permanentemente en una casa, o comprar una vida de libertad, o escoger de las variaciones entre tales.

Rentar vs. Poseer

Para muchas personas, el **rentar** una casa les ofrece beneficios considerables. Cuando alguien más es dueño del techo sobre tu cabeza; los costos de aseguramiento, impuestos de propiedad y cargos de mantenimiento van sobre aquellos. Jamás tendrás que componer un agujero en la azotea, reparar los azulejos del baño ni pintar los exteriores, y esos dolores de cabeza que pueden surgir en cualquier hora del día o noche, simplemente no son tu problema.

Como inquilino, tu tiempo libre queda a tu discrecionalidad. A los hombres nos encantan los pasatiempos y deportes. Como arrendatario, podrás descubrir que tienes más tiempo para consagrar a un hobby o incluso un negocio extra. No hay duda que podrás ver todos los juegos que desees en una tarde de domingo.

Además, los arrendatarios suelen disfrutar de las mejores ubicaciones en muchas ciudades y poblados, lo que les permite vivir con estilo. Aunque podría ser imposible comprar ese rinconcito en la Quinta Avenida cerca de Central Park en Nueva York, podrías tal vez encontrar uno para renta ahí. Luego, tienes la flexibilidad que te brinda un arreglo así: puedes irte a vivir al Desierto de Mojave un año, al siguiente a los Alpes Suizos.

Rentar no es para todos, por supuesto; algunos hombres ansían la **propiedad**, dejando por ella: mayor libertad y movilidad. Para ellos, tener un lugar que llamen suyo es una recompensa por sí misma. Esto les proporciona la sensación de permanencia y pertenencia que puede ser bastante edificante. Tú sabrás, al igual que los demás, justo en dónde te encuentras y dónde probablemente estarás en el futuro próximo. Pero la propiedad trae numerosas cargas y responsabilidades. Además de gastos y aseguramiento, mantenimiento e impuestos rutinarios, también enfrentarás arreglos de una vez, actualizaciones impostergables y la presión de mantener áreas comunes. Eso no molestará a todos, por supuesto. Para quienes les gusta currar y arreglar, y que tienen cierta destreza y habilidad, el arreglar y reconstruir es algo deseable. Tú podrías ser esa persona.

Pero, estos aspectos son tan solo la mitad de ello. A menos que hayas heredado tu casa o que hayas sido tan afortunado para comprarla en efectivo, invariablemente tendrás a un asociado en la transacción: el banco. Sin importar lo que diga en la escritura, el que presta es dueño de la propiedad y tienes que efectuar los pagos, generalmente por muchos años, para asegurar tu estancia ahí. Eres un deudor, sencillamente, y debes tu atención a la entidad que te prestó el dinero. Si no haces tus pagos a tiempo, tu historial crediticio se perjudica y podrías llegar al punto en que todo el dinero que invertiste en el hogar se esfuma.

Los hombres suelen enfrentar una discapacidad de corto plazo que les prohíbe el trabajo regular. Esto puede fácilmente causar atrasarse en un pago de hipoteca. De atrasarte con varios de estos, tu prestamista aumentará la presión, y podrá incluso tomar medidas para sacarte. El poder cumplir con esta obligación cada mes requiere de un ingreso consistente. No podrás tomarte tiempo fuera, ni siquiera si una lesión o problema médico te saca del trabajo por un tiempo. Si en un momento te enamoras y deseas volar a Francia con tu nuevo amor y pasar tres meses en bicicleta por los prados, descubrirás que tu institución de préstamo no te facilitará las cosas.

Propiedad para Minimalistas

Se ha dado una explosión de 'Mini Casas' que están a la venta y pueden resultar ser una forma muy emocionante de vivir para algunos. ¡Las mini casas son los nuevos y baratos departamentos de soltero! Para un soltero dinámico, estas son una alternativa atractiva, y se adaptan sin duda a la filosofía MGTOW. Aunque muchas personas ven las mini casas como baratonas e insoportablemente reducidas, ¡muchos diseños de mini casa en realidad son espaciosos y acogedores! Muchos MGTOW no necesitan demasiado espacio en una casa, y esas casas reducidas se construyen con estilos pintorescos y acabados elegantes. Y, además, no son caras.

Algunos desearán vivir en una casa móvil en un parque de caravanas. A otros les gustará vivir y viajar por los caminos en un vehículo RV recreativo.

Inversión en Propiedades para Renta

Para algunos hombres, la propiedad de una casa no es suficiente; desean los beneficios financieros y afines que pueden surgir de la propiedad de casas para renta, usualmente con financiamiento del dinero de otras personas. A primera vista, el arreglo suena genial. Compras un departamento, edificio de oficinas o bodega, y usas el dinero que pagan los inquilinos para cubrir el financiamiento y gastos operativos. Con el paso del tiempo, la propiedad sube en valor y tus activos crecen, dejándote un gran nido financiero tras cierto número de años. Suena como un plan simple para hacer dinero, una oportunidad de negocios dada.

Otros hombres compran propiedades con la intención de arreglarlas y devolverlas al mercado para venderlas y así cubrir sus gastos y tener ganancia. Esto es riesgoso a menos que seas parte de un grupo de amigos que son expertos en la gama de composturas que se requerirán.

Desafortunadamente, la realidad de la compraventa o propiedad de bienes raíces para ingreso puede ser diferente de la visión. Los dueños experimentados te dirán que la propiedad de bienes raíces para renta suele ser un dolor de cabeza sin fin. En primer lugar, los inquilinos van y vienen. El encontrar e investigarlos puede tomar tiempo, y resulta fácil ser engañado por aquellos que parecen derechos, pero que en realidad son psicópatas disfrazados. Cuando estos se van, podrías tener que reparar y re-equipar la propiedad y reservar tiempo y dinero adicional para disponer remplazos, sin tener ningún ingreso correspondiente para cubrir los costos. Algunas unidades de renta pueden permanecer sin inquilinos por seis meses cada año.

Peor aún, si te encuentras a merced de malos inquilinos que se quejan sin parar; o los que por otro motivo deciden no cumplir con sus obligaciones, tu inversión de tiempo parcial puede tornarse en una pesadilla de tiempo completo, de cuotas de abogado y audiencias en corte. Los dueños suelen hacerse dependientes, en cierta medida, de sus inquilinos. Cuando los inquilinos del propietario tienen problemas, como que el inquilino se enferma, se divorcia o no tiene trabajo, al dueño suele tocarle también la carga emocional, a veces el propietario se percata de que el que renta tiene hijos y se siente demasiado culpable de pedir renta si los padres dan cierta excusa, y así no se paga la renta. Y esto sin considerar las maromas que tendrás que dar para cumplir con los reglamentos y políticas gubernamentales.

Al final del día, la decisión acerca de si comprar y qué comprar se reduce a quién eres tú como individuo. Esmérate en comprenderte a ti mismo en tu fuero interior y exterior antes de embarcarte. Por mucho tiempo, la idea de ser un agente económico del lugar donde vivías fue un mito de la clase media que pocas personas cuestionaban. Pero todos tenemos deseos y necesidades diferentes. Algunos hombres aman su trabajo de día o su pasatiempo, mientras que otros compaginan sus intereses laborales y lúdicos. Solo tú sabes lo que tienes para ofrecer y a dónde deseas dedicar tu tiempo y energía en las décadas venideras.

Es momento de planear para tu futuro.

* * *

Capítulo 13
Planear para Más

Hasta ahora, en tus finanzas personales, hemos cubierto las reglas para ahorrar y hacer más dinero, analizando el tema de los vicios y los bienes raíces con bastante detalle. Hemos aprendido acerca de los hábitos y de cómo cambiarlos. También hemos hablado acerca de la resolución de problemas y el poder de la intención. El siguiente paso es integrar estas reglas en un plan de acción más amplio para hacer crecer tu riqueza, y este se puede detallar como sigue:

Plan para Incrementar Tu Riqueza

1. Vive dentro de los límites de tu presupuesto.
2. Limita el uso del crédito.
3. Compra activos que pueden apreciarse o aumentar en valor con el tiempo.

Huelga decir, este enfoque simple entra en conflicto con lo que se nos ha dicho por tanto tiempo. Incluso hoy, a pesar de la recurrente conmoción económica que el mundo ha experimentado en las décadas recientes, se nos invita en efecto a ignorar estas medidas prácticas y prudentes, y en su lugar, aventar dinero a bienes y servicios que podríamos no necesitar, como autos fastuosos, ropa de lujo y vacaciones caras; a confiar en el crédito para adquirir esas cosas que en realidad no podemos cubrir. Es un mundo falsificado donde la deuda no es la prisión que limita nuestras alternativas, y en el que el dinero se ve como algo diferente a lo poderoso.

Se puede argumentar, tendríamos más para nosotros si simplemente nos aferráramos a la regla para incrementar tu riqueza. En su lugar, muchos de nosotros hemos preferido a competir en la ostentación, pagando hasta con la camisa por el mito del Sueño Americano (o de donde sea que vivamos). Algunos no se han tomado el tiempo para estudiar y diferenciar entre riqueza real y la ilusión de poder seguir adquiriendo cosas que están más allá de nuestra capacidad. Algunos han invertido en la universidad y certificaciones. Otros compraron la motocicleta, motonieve y casa rodante. En vez de partirnos el lomo para pagar a nuestros prestamistas por lujos innecesarios, podríamos haber estado acumulando los activos que ahora estarían trabajando para nosotros.

El Camino a la Desolación Financiera

Los mantras de la cultura de consumo, pide prestado y gasta, no son las únicas premisas falsas que han puesto en riesgo el bienestar económico de los hombres. También vivimos en una sociedad que ha puesto en un pedestal al romance y el amor, haciendo de este una prioridad sobre todo lo demás. Para los hombres, las relaciones son costosas. Después de graduarse del bachillerato o universidad, el viaje tradicional ha sido el seguir el camino de Tom Carlson, un amigo cercano del autor, que vio su vida adulta comenzar con amor, y, tristemente, terminar en desolación.

Efectivamente, antes de que Tom Carlson siquiera alcanzara la edad de 30, su vida se había salido de control al paso de los años. Aquí pongo una postal de cómo iban las cosas a menos de diez años de que él se graduara de la universidad:

- Él acumuló $15,000 en préstamos estudiantiles.
- Financió la compra de un nuevo auto, un Lexus ES, por US $37,000, para impresionar a las mujeres.

- Compró, a crédito, $7,000 en ropa y zapatos nuevos.
- Tuvo citas, bebió vino y cenó con varias mujeres, cargando todo a sus múltiples tarjetas de crédito.
- Se enamoró de Shirley, y, al paso de un año, le propuso matrimonio. Entonces gastó $9,000 con dinero prestado para comprarle un anillo de compromiso y pagar su boda.
- Fue padre de un niñito, lo cual le causó varios miles de dólares de gastos relacionados, muchos de los cuales no cubrió el seguro.
- Compró una casa y un auto para su esposa y niño, haciéndose de una hipoteca y otro préstamo para un auto entretanto.
- Fue padre de una hija recién nacida, lo que duplicó los gastos de crianza de la familia.

En total, Tom acumuló una deuda de más de dos millones de dólares, sin contar todo el interés aplicable que tendrá que pagar. La deuda fue una carga emocional y él estaba resuelto a ser un hombre y continuar proveyendo todo. Shirley, su esposa, estaba realizada con un esposo, un bebé y una casa. Así, Tom ganaba US 60,000 al año pero tuvo que aceptar un segundo trabajo que no le gustaba, para que pudiera seguir pagando las deudas. Él tendrá que pasar los siguientes 30 años corriendo en la banda, tan solo para apenas conservar lo que tiene. A causa de su gran carga de deuda, su libertad está severamente limitada, las cosas en casa son tensas, y regularmente necesita beber para apaciguar su estrés y dolor.

Tom Carlson también se siente como la mula cargadora de la familia. Él no puede encontrar alivio. Su esposa se queja y reprocha cuando el dinero es escaso. Ella emplea el dinero de la familia en aquello que llama las necesidades familiares. Tom está agotado, y se siente desesperanzado y en ocasiones hasta suicida. Él ha sido otro hombre más de los que se enamoraron sin entender los costos y carga financiera, y por lo tanto terminó siendo prisionero del trabajo y su familia. Él también es ese uno de cada diez hombres que señalan a su cónyuge y/o familia como fuente frecuente de exigencias y preocupaciones excesivas.

Las cargas y responsabilidades diarias de Tom le pasman financiera, física y psicológicamente. Esto no es lo único que le preocupa. Con el paso de cada año, los niños crecen y eso aparenta que las condiciones han llegado al punto en que probablemente su esposa, Shirley, decidirá que él no es suficientemente bueno y se una a las muchas otras mujeres que se divorcian de sus esposos, lo que posiblemente agregará a la carga de él los gastos de pensión y manutención extra para los niños, además de derechos de custodia limitados o acaso nulos sobre los hijos.

Ojalá que tú seas uno de los pocos iluminados que no han caído en la atractiva trampa del amor, relaciones sexuales o familia. En tanto que la búsqueda de la bendición marital es algo que nuestra sociedad considera una tradición consagrada, suele ser, por lo general, el camino a una vida infernal, o hasta una lenta agonía, para la mayoría de los hombres. Debemos de tener el derecho a amar, pero sin tener que pagarlo con la última gota de nuestra sangre. Sin importar si estás dispuesto a amar a una persona o no, es el momento de comenzar a pensar de forma diferente acerca de cómo, por qué y hacia dónde usas tu dinero. La deuda es un fastidio serio, y todos podemos esperar una ventaja al tomar a la deuda por los cuernos.

El siguiente capítulo trata acerca de cómo rescatarte a ti mismo de la deuda, y esto será algo difícil. La deuda forma parte de la vida en Estados Unidos, igual que en gran parte del mundo. Cada uno de nosotros debe de hacer su máximo esfuerzo.

* * *

Capítulo 14
Fuera del Hoyo

En el capítulo anterior, hablamos de los peligros de pedir dinero prestado y usar tarjetas de crédito. Pero el tener más deuda de la que puedas pagar es un problema, ya sea que estés solo o en una relación. Para empezar, cuando estás endrogado, le concedes a quienes te prestaron, cierto control sobre tu vida. Todos los beneficios de ser soltero y dispuesto a la acción se pueden esfumar o quitársete cuando te debes a los bancos y otros grandes intereses económicos.

Además, el sobrevivir con dinero prestado y acumular grandes cantidades de deuda puede resultar adictivo y dañino, lo que podría predisponerte a ese tipo de malos fines que pueden dar las drogas, apuestas, y otro tipo de "viajes". La situación empeora aún más cuando las tasas de interés son altas o cuando están sujetas a la voluntad de quien presta. Algunas tarjetas de crédito cargan 24% de interés o más. Incluso si tienes ingresos con dividendos de 8%, te encuentras pagando demasiado de esa tarjeta de crédito de 24% para volver a ganar lo que sea de ese fondo de inversión de 8%. Si solo puedes permitirte pagar el mínimo en cada mes, podrías quedar fácilmente atrapado en una espiral de deuda—anegado en un ciclo sinfín de pagos y esclavizado de por vida a tus acreedores.

Los riesgos de estar atado por montos que en un principio podrían no parecer grandes se hacen claros cuando escarbas y haces cuentas. ¿Sabías que si debes $10,000 en tarjetas de crédito, lo que es común para varios graduados universitarios, te tomará más de **35 años** para eliminar esa obligación si solo pagas la cantidad mínima mensual? En vez de usar tu dinero para crear tu riqueza, estarás pagando muchísimo interés y asegurando que el que crezca, ¡sea tu prestamista! Tristemente, ahí es donde te quieren tener, pero no es a donde tú perteneces.

Y, ni se diga, la carga de pedir prestado puede tener un impacto grandísimo en tu bienestar mental y físico. Cuando te esfuerzas por permanecer a flote, sientes que estás maniatado y ahogándote, tu autoestima es menor cada día. La presión constante puede crear estrés considerable y propiciar desgaste adicional en tu salud, espiritual *y física*. Con el paso del tiempo, esto puede resultar en todo tipo de condiciones, incluyendo presión alta, dificultad para concentrarte, indigestión y otros problemas estomacales, no sin mencionar la falta de sueño. Las tarjetas de crédito son una esposa quejosa que constantemente te increpa y grita: "¡hora de pagar!"

Si ahora no te encuentras en este predicamento, entonces la solución es sencilla: presupuesta sabiamente, vive dentro de tus capacidades, asegúrate de que tu cuenta de inversión sigue en la parte superior de tu lista de gastos, y luego disfruta de todo lo que tengas. No obstante, si eres tan desafortunado como para haberte endeudado mucho, entonces es el momento de concentrarte en dos cosas: terminar la adicción al dinero prestado y poner en orden tus finanzas. Entre los pasos que requerirás tomar:

1. Deja de usar tus tarjetas y cancela o restríngete a solo unas cuantas. Esta es la parte más dolorosa, pero también la más necesaria. Necesitas dejar de hacer esa cosa que te colocó en la posición en la que te encuentras ahora. Ciertamente, es arduo el funcionar sin plástico en un mundo conectado, pero necesitas ver a las tarjetas en su justa dimensión: una herramienta conveniente, no una muleta peligrosa.

2. Re-piensa tus hábitos de gasto. Date cuenta de lo que realmente necesitas y para qué te alcanza realmente. Si no dispones del dinero para

comprar un traje nuevo o ir de vacaciones a un destino lejano, esto significa solo una cosa: no lo hagas.

3. Determina cuánto debes y a quién, así como lo que puedes repagar cada mes. No tiene caso crear un plan de acción si no tienes un plan certero a seguir. Utiliza recursos valiosos, tales como calculadoras de deuda y aplicaciones de presupuesto que están disponibles sin costo en línea.

4. Paga primero aquellas deudas con las tasas de interés más elevadas. Aunque podría ser tentador acabar con las obligaciones más pequeñas y menos costosas por mera simplicidad, seguramente esto te beneficiará menos.

5. Evita las soluciones rápidas, consolidar, y otras supuestas "soluciones". Los que prestan y operadores sin escrúpulos podrían ofrecerte la oportunidad de estirar tus pagos o combinar tus pagos en una sola obligación de largo plazo con pagos mensuales más pequeños. Desafortunadamente, terminarás pagando mucho más en intereses que ahora, y si pierdes tu trabajo, u otra cosa te sale mal a corto plazo, tendrás un horizonte aún peor.

6. No cometas el error de pagar tus deudas tardíamente o con cheques malos. Los dolores de cabeza extra que enfrentarás y las exorbitantes cuotas que se te cargarán tan solo agravarán tu penar.

7. La deuda puede hacerse un hábito cuando compramos cosas a crédito o pagos. Remplaza la necesidad de comprar con otra actividad emocionante. En vez de comprar con la tarjeta de crédito, camina, corre, o entrena. Haz de

suprimir las compras a crédito algo divertido y gratificante.

Dependiendo de cuán difíciles sean las cosas, podrías en un principio sentirte rebasado, creyendo que no hay forma en la que saldrás del hoyo en el que estás. Pero una vez que comienzas, el éxito se alimentará de sí mismo, y, con el tiempo, verás los frutos de tus esfuerzos. Tus pagos mensuales bajarán, el interés y principal de tu deuda bajarán, la cantidad de dinero tuyo al final de cada mes subirá … y tu perspectiva mejorará. Eventualmente, lograrás tu meta y estarás listo para el siguiente paso en hacer crecer tu riqueza.

Ha llegado el momento de prestar atención a la persona más importante del universo.

* * *

Capítulo 15
Inversión MGTOW

Muchos MGTOW, solteros, hombres Herbívoros y demás han descubierto la emoción de ser libres de la esclavitud financiera asociada con tener una esposa y una familia. Conocen el placer de contar con dinero extra en su cartera para pasatiempos y otros lujos. Más, no todo ese dinero deberá de gastarse hoy; algo también deberá de ahorrarse para forjar riqueza para mañana. Incluso si tienes hijos y una ex-esposa, tus circunstancias financieras podrán mejorar al tomar cierta porción de lo que tienes ahora e invertirla.

Para el lego, el aprender, así como comprender el proceso de manejar las finanzas propias puede parecer abrumador. El mundo de la economía, finanzas e inversión es amplio y complejo, repleto de términos propios, palabras raras, procesos y leyes que podrían requerir de un título o de años de experiencia para comprender en su totalidad. Y también hay sistemas y trampas por ahí, que pueden perjudicar tu bienestar financiero si caes en sus redes.

Nuestro enfoque, definitivamente *no* es un esquema de hazte rico rápidamente. El enfoque evita inversiones malas y de alto riesgo como los fondos especulativos. Tampoco es apostar, *day trading*, almacenar costales de oro o plata en el sótano, invertir en la idea de negocio de un miembro de la familia o negociar con bienes raíces. Como solía decir Tom Leykis en su programa de radio epónimo: *"El valor de un hombre crece conforme este envejece"*. Y así también pueden crecer los activos de un hombre si este implementa una estrategia probada. Entre más pronto comiences, más dinero podrás consolidar. Con el paso del tiempo, te sorprenderá cuánto será y lo rápido que crecerá.

Por fortuna, hay una forma relativamente fácil de lograr esto. Es un método conservador y ya probado, ni demasiado aventurado ni riesgoso, para hacer crecer tu riqueza al paso del tiempo. La estrategia que se detalla en las páginas que siguen representa una ruta conservadora para una jornada que te alegrará haber comenzado. En cuestión de un año, seguramente estarás mejor financieramente hablando, con mayor confianza y mayor autoestima que ahora. Al paso del tiempo, tu éxito tal vez podrá inspirarte a llevar las cosas al siguiente nivel, preparando todo para una posible transición a un auténtico millonario.

No todo mundo comprende a cabalidad la diferencia entre pensar acerca y prepararse para el futuro, así que este mensaje merece ser repetido: *sin importar tu edad, el reservar dinero para la adversidad o el retiro es una valiosa estrategia de sobrevivencia*. Este libro te ayudará a asir los instrumentos y enfoques que servirán como cimientos para una mejor vida financiera. Una vez que comprendas el funcionamiento y comiences a tomar los pasos necesarios por ti mismo, descubrirás que eres auténticamente el amo de tu destino financiero.

Este es el Momento

Para comenzar tu viaje, necesitarás un capital semilla proveniente de tus ahorros, el cual podrás usar para poner en acción tu plan de inversión a largo plazo. Aunque la cantidad variará dependiendo de tus necesidades y circunstancias específicas, considera un mínimo equivalente a US $1,000 a $3,000 como lo ideal. Una vez que el dinero se mueva a tus cuentas de inversión, ya estarás en el camino para hacer crecer tu capital sin tener que hacer un gran esfuerzo extra.

Obviamente, tendrás que dar seguimiento a tus inversiones, como tendrías que hacer en cualquier área de tu vida financiera, para asegurarte de que tu dinero trabaja para ti. También tendrás que aprender ciertos términos clave y determinados detalles acerca de los mercados, los intermediarios con los que harás negocio y los tipos de inversiones que ostentarás, de forma que entiendas qué es lo que haces y por qué. Esto no significa que te meterás de lleno al mundo de las altas finanzas, ni pasar días o semanas devanándote con libros de texto o asistiendo a clases, si bien puedes hacerlo en caso de que te interese. El énfasis en este caso está en la simplicidad y la sencillez.

Una vez que te encamines con ello, descubrirás que esto cambiará tu vida y se hará un componente importante para incrementar tu potencial de creación de riqueza. Tal vez hará más que eso. Podrías encontrar atractivo el tema de inversiones y proponerte aprender más. Si bien los principios básicos de creación de riqueza son en esencia sencillos, hay disponible una amplia reserva de recursos académicos y de otro tipo acerca de finanzas y estrategias de inversión. Aquí la meta es más simple: se tiene la intención de hacerte sentir seguro y con confianza de que tienes, y que conoces lo que se requiere para progresar.

Cualquiera que sea el caso, asegúrate de que el estudio de tus finanzas se vuelva un hábito semanal. El éxito proviene de alterar unos cuantos comportamientos, estos se hacen hábitos diarios. En muchos aspectos, vivimos en la mejor época posible para crear riqueza, porque Internet le da hasta a los inversionistas más pequeños la oportunidad, habilidad y recursos para lograr la independencia financiera. Al dirigir tu atención de esta forma, estás ejercitando un músculo financiero que solo puede fortificarse más. Claro, hay de por medio una curva de aprendizaje pronunciada, como ocurre en muchas áreas de la vida. No obstante, el tomarse el tiempo para aprender y comprender este tema en particular te empoderará y ayudará a asegurar un futuro de libertad financiera.

* * *

Capítulo 16
Un Mundo de Mercados

Cada día, personas en todo el mundo compran y venden una cantidad increíble de bienes, servicios, promesas y valores, incluyendo acciones, bonos, *commodities* y fondos de inversión, ya sea mediante comunicación directa entre sí o mediante mercados centralizados tales como las bolsas de valores. La actividad de comercio puede ser súbita y difícil de monitorear cuando se trata de condiciones volátiles o volumen cambiante.

Una forma en la que aquellos interesados pueden seguir las grandes tendencias de precios, es monitorear índices que se calculan en base a los precios de los ítems que se compran y venden en una arena de *trading* en particular. A menudo escuchamos a los inversores que preguntan, por ejemplo: "¿Qué pasa en el mercado de acciones?". Hablando en lo general, si el valor de un índice de valores en particular se mueve más alto, el precio de la mayoría, si no es que todo, de aquello en lo que se basan dados índices, sube en valor.

Así, ¿qué tipo de instrumentos financieros estarían en la mira de los que desean hacer crecer su riqueza? En realidad, hasta la mayoría de los expertos encontrarían difícil enlistar el rango completo de posibilidades. Pero, históricamente, los inversionistas han tendido a apegarse a acciones, conocidas como acciones de compañía, *common stocks* o *shares*. En primer lugar, las acciones comerciadas públicamente, que pueden ser compradas y vendidas libremente por cualquier persona, representan inversión en organizaciones que juegan un papel clave en la economía. Cuando una compañía gana dinero y prospera, los inversores tienden a valorar más sus acciones; cuando muchas firmas prosperan, así también ocurre con todo el mercado.

En los EE. UU., las acciones de los negocios más grandes se comercian en la Bolsa de Valores de Nueva York (NYSE) y en la Bolsa de Valores NASDAQ (NASDAQ). Si ves canales de noticias financieros como Bloomberg, te darás cuenta de que las compañías generalmente son representadas por un símbolo, que consta de un pequeño número de letras. Estas las asignan las bolsas para facilitar que la gente las identifique, comercie y aprenda más sobre tales. Uno de estos ejemplos es "WMT", que es el símbolo de la tienda de autoservicio física más grande de EEUU, *Wal-Mart Stores Inc.* La mayoría de los otros valores también tienen símbolos asociados a sí por la misma razón. En lo general, no es necesario memorizar los símbolos puesto que se pueden encontrar fácilmente en periódicos y en la red.

Cuando se desea conocer el desempeño general de los mercados de acciones, hay tendencia a centrarse en algunos índices de referencia cuyos precios suben y bajan con base a precios de transacciones de las acciones que les integran. Las variedades más populares son aquellas que han existido por bastante tiempo y que han sido monitoreadas por inversionistas en todo el mundo, por décadas. A continuación, vemos tres de estas.

Medida de los Mercados en EEUU

DOW	17755.08	+11.76	
	+0.07%		
NASDAC	5074.274	-21.42	-
0.32%			
S&P 500	2088.87	+ 1.21	
	+0.06%		

- Dow Jones Industrial Average (DJIA), o Dow, el cual es un promedio ponderado por precio de los precios de las acciones de 30 de las más grandes y mejor conocidas compañías en Estados Unidos, muchas de las cuales llaman *blue chips*. El DJIA fue inventado por Charles Dow en 1896.
- NASDAQ Composite, que es un índice ponderado por capitalización de mercado de más de 3,000 acciones comunes y valores similares enlistados en el NASDAQ. Este índice incluye la tecnología principal del mundo, lo mismo que biotecnológicas, citando, por ejemplo: Apple, Google, Microsoft, Oracle, Amazon, Intel y Amgen.
- Standard & Poor's 500, o S&P 500, que se basa en la capitalización de 500 compañías grandes que

tienen acciones enlistadas ya sea en NYSE o en NASDAQ. Las constituyentes del índice y su ponderación las determinan los Índices S&P Dow Jones.

Aunque este libro habla principalmente de los EE. UU., otros países también tienen acciones negociadas activamente, donde algunas de las compañías más grandes del mundo, incluyendo Royal Dutch Shell, Toyota, Honda, Samsung Electronics y Daimler, tienen sus acciones enlistadas. Entre los índices referenciales mejor conocidos tenemos al Canada TSX Composite, Nikkei Stock Average de Japón, DAX Alemán y el FTSE-100 del Reino Unido. Aquellos que están en posibilidades de hacerlo podrían encontrar estos mercados prometedores para explorar en algún momento.

Mercados Internacionales

Canadá
TSX Composite Index
Asia
Nikkei Stock Average
Shanghai Composite Index
Shenzhen index
Europa
FTSE Reino Unido
DAX Alemán
CAC 40 Francia

Una vez que has comenzado a invertir francamente, los diversos índices pueden servir como guías que pueden ayudarte a seguir cómo es que se desempeñan tus inversiones. Ciertamente, se ha dicho a menudo que el mercado de valores es un mercado de acciones, lo que significa que las acciones de ciertas compañías invariablemente superarán en rendimiento a otras, ya que sus negocios van mejor. A largo plazo, no obstante, los precios de la mayoría de acciones tienden a subir cuando los índices suben, mientras que lo opuesto es cierto cuando los índices bajan.

Bien vale repetir, claro, que los precios suben *y también* bajan. De hecho, una cosa que puedes decir con certeza es que las cosas cambiarán. Sin importar a dónde van los mercados, estos seguramente estarán en un sitio diferente en un mes, un año, o una década. Y, como vimos tras el estallido de la burbuja de las punto com en el 2000, o con la crisis financiera de 2008, en ocasiones estas pueden sufrir caídas dramáticas, incluso en cuestión de semanas.

La historia sugiere, no obstante, que la tendencia de largo plazo de los precios de acciones es al alta, y que las bajas significativas en precio, no obstante, lo dolorosas que sean en su momento, tienden a ser temporales. Nadie sabe bien a bien qué ocurrirá en el futuro, pero las ventas de pánico tras las caídas grandes generalmente no han sido la mejor decisión. En consecuencia, la mejor apuesta siempre ha sido seguir con un enfoque disciplinado de inversión a largo plazo. En realidad, las acciones suben y bajan. En ocasiones los mercados se corrigen. En ocasiones estalla una crisis financiera global. La clave aquí, no obstante, es no solamente *no* vender en pánico, sino además estar lo suficientemente diversificado, así como ser fuerte para invertir en fondos que soportarán la tormenta.

* * *

Capítulo 17
Escoger al Aliado (Financiero)

En la mayoría de países, los individuos encontrarían difícil, si no es que imposible, comprar o vender acciones u otros valores sin usar un "intermediario" tal como una firma de corretaje. En teoría, este arreglo se supone que será de beneficio para los inversionistas, ayudándoles a evitar ser objeto de abusos, así como para ayudarles en el logro de sus metas sin mucha penuria; en realidad, los corredores ganan dinero de todo lo que tú haces, y, desafortunadamente, no siempre ven por tus intereses.

Es posible invertir en un rango limitado de instrumentos, sobre todo fondos de inversión o *mutual funds*, estableciendo una relación con una institución apropiada que expide y vende tales inversiones.

Ya que te hayas decidido a hacerlo, necesitarás encontrar una firma con la que te sientas cómodo. Lo mismo que con cualquier relación financiera en tu vida, debes de considerar un número de variables, incluyendo costos, tecnología, conveniencia, reputación, etc. Algunos de ustedes podrían desear tratar con una persona en vivo al visitar una oficina o llamar a alguien por teléfono. Habrá quien preferirá entrar a la red, donde puedes abrir una cuenta e invertir con el clic de un mouse (bueno, con unos cuantos clics). En línea, puedes formular una pregunta y enviarla por email, y usualmente obtener una respuesta con información en 24 horas.

Sea cual sea el intermediario que escojas, también tendrás que proporcionarle una gran cantidad de información acerca de ti y tus metas financieras, incluyendo, si es que estás en los EE.UU., tu número de seguridad social, o, en otros países, tu identificación tributaria, clave de población o número de identificación nacional. Los bancos y corredoras en la mayoría del mundo tienen la exigencia de "conocer a sus clientes" porque las reglas están diseñadas para prevenir el lavado de dinero y otros crímenes financieros.

Socios de Inversión Mundiales

¡Si vives entre Tijuana... y la Patagonia... Observa! Necesitarás enterarte de *los socios de inversión más importantes en tu país o región. Por favor completa la tabla.*

Estados Unidos
Vanguard (www.Vanguard.com)
Charles Schwab (www.schwab.com)

México, Centro y Sudamérica

Canadá
Questrade of Canada (www.questrade.com/smart-etfs)

Asia
Boom Securities Hong Kong (www.boom.com)
Philip Securities Hong Kong (www.poems.com.hk/zh-hk)

Europa
TD Direct Investing UK (www.tddirectinvesting.co.uk)

Por lo general, hay dos tipos de cuentas disponibles en los EE. UU.: gravables y de impuesto diferido. Las primeras son como cualquier otra cuenta financiera, respecto a que, si ganas dinero, tienes que pagar impuestos, y si pierdes, podrás reducir lo que debes. Como ejemplo de las segundas se incluyen cuentas de retiro individual IRAs, AFOREs, Planes Ahorro, etc., las cuales te permiten ahorrar y consolidar dinero sin pagar impuestos hasta que en realidad retires lo obtenido en una fecha futura, típicamente tras el retiro. En EEUU, Muchos negocios también proporcionan opciones similares a sus empleados mediante planes 401(k) (el nombre viene de una sección del código fiscal federal).

Una vez que se haya aprobado y ajustado tu cuenta, necesitarás hacer un depósito o disponer la transferencia de fondos de tu banco u otra institución financiera a la firma de corretaje de manera que puedas comenzar a invertir. La cantidad que necesitarás para comenzar variará según la institución. En algunos casos esto puede ser apenas del orden de US $500.

Manos a la Obra

Si bien hay una variedad de formas en la que puedes destinar el dinero que está en tu cuenta, inicialmente, cuando menos, muchas personas invierten en un fondo de mercado monetario, *money market*. En lo general, los fondos de mercado de dinero son como fondos de inversión (mutuos) y fondos negociados en bolsa (*exchange traded funds*), estos últimos los definiremos en breve, en lo relativo a que permiten que múltiples inversores participen en un conjunto o canasta de valores u otros activos.

De forma tradicional, los fondos de mercado de dinero ostentan inversiones en ciertos tipos de valores expedidos por gobiernos o bancos, por ejemplo, que originalmente los vendieron para obtener dinero para propósitos diversos. Típicamente, estos tipos de fondos son considerados como inversiones relativamente seguras; estos generalmente no suben y bajan en valor de la misma forma que lo hacen otras inversiones, empero, como con todos los valores, siempre existe el riesgo de que los precios fluctúen con el tiempo.

Algunas variedades de inversiones mancomunadas, como los fondos de inversión que tienen portafolios de acciones, pueden ser mucho más volátiles, puesto que su valor, como el de los diversos índices de acciones, es afectado por lo que ocurre con los precios de los valores subyacentes. Si un fondo de inversión tiene propiedad de todas las acciones del S&P 500, por ejemplo, el valor de participación en ese fondo, incluyendo tu participación, tenderá a subir y bajar con el índice.

Normalmente, puedes solo adquirir o vender acciones de fondos de inversión una vez al día, usualmente con anticipación a una hora de corte que determina la firma de inversión o entidad que "auspicia" o creó el fondo. La alternativa es invertir en un fondo comerciado en bolsa, *exchange-traded fund* o ETF, que puedes comprar o vender a cualquier hora durante las horas de comercio del mercado. En pocas palabras, un ETF es un valor comerciable que representa interés de propiedad en un portafolio de acciones, bonos, *commodities*--bienes básicos-- u otros activos, que típicamente son acordados antes de salir al mercado.

Vigilar los Costos

Una consideración muy importante al invertir en cualquier valor o fondo son los costos y cuotas que se generan. Cuando compras o vendes una acción o un ETF, típicamente pagarás una comisión a la firma que gestionó la transacción, lo que incrementa tus costos o reduce tus ganancias, respectivamente. Adicionalmente, muchos fondos de inversión y ETFs compensan a los agentes y/o las firmas que las expiden, incluyendo comisiones que se incluyen en el precio. Si compras un fondo de inversión con una "carga", por ejemplo, hay una alta comisión incluida en el precio a la vista; si es un fondo *no load*, entonces no la hay.

En general, es mejor favorecer inversiones que tienen bajas tasas de gastos, lo que significa que tu dinero se pone a trabajar y que menos se destina a pagar a alguien más por el privilegio de tenerlo. Mientras que las cantidades pueden variar dependiendo de la naturaleza de las inversiones que le conformen, la cantidad de dinero involucrada, y el tipo de institución financiera con la que trates, el optar por inversiones con tasas de gasto que estén por debajo del 1% al año es probablemente una buena recomendación.

Vale la pena tomar en cuenta, claro, que es difícil invertir sin el apoyo de otras personas. Con todo, incluyendo a los asociados financieros, nadie asumirá responsabilidad por tu éxito. Recuerda, al final, se trata de tu dinero, no el de ellos.

* * *

Capítulo 18
El Objetivo Adecuado

Ahora que has abierto una cuenta y que has depositado dinero en la misma, el siguiente paso es escoger dónde y cómo deseas invertir. Como se indicó anteriormente, hay una abrumadora gama de posibilidades, las que pueden resultar confusas hasta para los inversores más experimentados. Es fácil escuchar lo que la gente dice y terminar confundido. Pero como en muchas otras áreas de la vida, por lo general es mejor enfocar tu atención y permanecer diversificado. Si bien nadie sabe con certeza qué inversiones superarán a otras o dónde están las auténticas inversiones de bonanza, puede ayudar si intentas minimizar ciertos tipos de incursiones.

No es pertinente el comprar un montón de acciones de compañías, ya que es difícil gestionar un portafolio formado por acciones de muchas y diversas compañías, toda vez que probablemente no tendrás discernimiento de las subidas y bajadas de sus respectivos y múltiples negocios, en la forma en que lo tendría un profesional de inversiones. También es más fácil ir tras el rendimiento, donde pones tu inversión en una acción en particular porque va bien--hasta que ya no es así. El tener muchos y variados valores a observar puede ser estresante y tomar mucho tiempo. Y el efectuar muchas transacciones por cada acción de compañía individual ¡tan solo consumirá tu dinero en comisiones! Entonces, este método no se sugiere.

Dos factores, Dos Tipos de Fondos

Hay dos tipos de inversiones que te permiten tomar la cantidad mínima de factores de riesgo en cuenta, fondos de inversión específicos a sector, y ETFs. Típicamente, estos valores representan participación en acciones de compañías que pueden hacer negocio en industrias en cierta medida comparables. No hay dos firmas exactamente iguales, claro, pero una compañía como Exxon generalmente tiene que tratar con los mismos asuntos que Chevron. Bajo las circunstancias, probablemente no te sorprendería intuir que ambas se incluyen en un ETF del sector de energía. Lo mismo va para cuidado de la salud, por dar un ejemplo, o las compañías financieras.

Por supuesto, las cosas no son así de simples. Mientras que hay fondos generales de energía, por ejemplo, también hay variedades definidas con más especificidad, que incluyen fondos que invierten en explotación petrolera, tuberías de gas o compañías de refinación de gasolina. Pero de nuevo, generalmente es bueno adherirse a la memorable regla: "NoCoCo", es decir, "¡No Compliques las Cosas!" Y esto no es por hacerte menos, sino se proporciona como una advertencia que bien vale seguir. En su mayoría, todas las acciones comerciadas públicamente se categorizan como pertenecientes a uno de los siguientes 10 sectores:

1. Discrecional del Consumidor. Como ejemplos están las tiendas, compañías de medios, fabricantes de ropa y de automóviles.
2. Productos de Primera Necesidad (*Staples*). Comida, bebidas, tabaco y fabricantes de productos para el hogar.
3. Energía. Compañías de exploración de energía, perforadoras para petróleo y gas, y firmas integradas de energía.
4. Finanzas. Bancos, compañías de seguros y firmas de bienes raíces.

5. Cuidado de la Salud. Firmas de gestión de hospitales, organizaciones de mantenimiento de la salud y fabricantes de farmacéuticos.
6. Industriales. Firmas de aeroespacial y defensa, fabricantes de maquinaria, herramientas, y productores de equipo de construcción.
7. Tecnología de Información. Productores de electrónicos, fabricantes de computadoras y de software.
8. Materiales. Compañías de minería, productores químicos y fabricantes de productos forestales.
9. Servicios de Telecomunicaciones. Operadores inalámbricos, compañías de cable y proveedoras de servicio de Internet.
10. Servicios. Proveedores de electricidad, gas y agua.

Es aún más fácil de comprender ejemplos del mundo real. Entre los fondos comerciados en bolsa específicos a sector que, como un ejemplo, brinda Vanguard, se tiene lo siguiente (hay más información detallada en su sitio web):

1. Vanguard Consumer Discretionary ETF (símbolo: VCR). Posee acciones talas como las de Amazon, Comcast, Home Depot, McDonald's, Starbucks y Nike.
2. Vanguard Energy ETF (VDE). Exxon, Chevron, Conoco, Schlumberger, Phillips 66 y Kinder Morgan.
3. Vanguard Information Technology ETF (VGT). Apple, Alphabet (antes conocida como Google), Microsoft y Facebook.

Por supuesto, el determinar en qué sectores vas a invertir, así como cuánto, depende de una variedad de cosas, incluyendo tu propio conocimiento y experiencia. Un famoso gestor de fondos, Peter Lynch, muchas veces dijo: *"El éxito en las inversiones viene de centrarte en lo que conoces mejor"*. Si eres un genio-*geek* de la tecnología, podrías basar tu decisión respecto a comprar o no comprar un fondo de tecnología de información con base a tu propia experiencia personal. Un doctor podría proceder de forma similar en lo relativo a fondos de cuidado de la salud.

De forma alternativa, si te gusta seguir de cerca lo que ocurre en el mundo de los negocios, y tienes conocimiento respecto a qué industrias suelen tener más éxito en ciertos puntos en un ciclo económico, podrías usar este conocimiento para guiar tus decisiones. Si percibes que las condiciones económicas se hacen más difíciles, por ejemplo, podrías desear mover fondos del ETF del sector discrecional del consumidor y moverlos en su lugar al ETF de primera necesidad. Luego puedes volver a evaluar y re-balancear tus títulos conforme cambien las circunstancias.

Al final del día, nadie sabe qué ocurrirá en el futuro. Sin embargo, si haces muchas preguntas y procuras aprender tanto como puedas acerca del mundo de las finanzas e inversiones, te mantienes con mente abierta y reconoces el momento en que pudieras necesitar alterar o volver a pensar tu perspectiva, *y* mantienes tu mirada en el largo plazo con un método consistente, descubrirás que tu probabilidad de éxito en las inversiones es tan buena como la de cualquier otro.

* * *

Capítulo 19
Rendimiento y Ganancias

Hemos hablado de varias cosas que necesitas conocer acerca de las inversiones. Pero hay dos áreas que no hemos cubierto: las ganancias históricas (*returns*) y el rendimiento (*yield*). Usa estos datos para seleccionar un fondo o fondos. Esto elimina el factor emoción de la fórmula. Por tal razón, es buena idea el tener una idea sobre cómo se han comportado en diversos periodos de tiempo aquellos fondos de inversión o ETFs que evaluarás, estudiarás y en los que eventualmente invertirás. Si uno ha tenido un desempeño extremadamente bueno en cinco años, por ejemplo, en tanto que otro ha tenido un desempeño paupérrimo, entonces valdría la pena apostar--mejor digamos, invertir-- en el cambio de fortuna.

Tabla reciente que muestra el retorno (yield) de los fondos ETF por sector de Vanguard:

Nombre Fondo	Retorno YTD	1 Año	5 Años	10 Años	Desde el Inicio
*Discrecional Consumidor	10.47%	16.72%	19.18%	10.96%	9.45%
Bienes Indispensables	3.32%	9.49%	15.12%	11.24%	10.50%
Energía	- 11.39%	- 21.66%	3.09%	4.71%	7.72%
Finanzas	2.55%	3.69%	12.42%	1.24%	1.90%
*Cuidado de la Salud	6.51%	7.88%	20.63%	11.39%	9.90%
Industriales	- 0.51%	1.02%	13.67%	8.43%	8.67%
*Tecnología de Información	8.94%	10.54%	14.59%	9.94%	7.65%

Materiales	- 6.53%	- 5.81%	7.89%	8.14%	8.11%
REIT	- 0.94%	5.91%	12.08%	7.88%	9.31%
Telecomunicaciones	3.81%	1.57%	10.25%	7.98%	9.32%
Servicios	- 8.19%	- 0.74%	11.11%	7.53%	9.32%

* Indica fondos actualmente con buen rendimiento - Indica mal rendimiento actualmente

Todos estos fondos excepto los Financieros han funcionado bien desde el inicio.

Observando el Rendimiento YTD (Del Año a la Fecha), es fácil identificar un fondo que tenga rendimiento actual que hará crecer tu inversión. Cuando compras ese fondo con un buen rendimiento, es probable que este continúe creciendo hasta que caiga. Al examinar el historial de rendimiento se hace obvio que estos 10 ETFs varían con el tiempo. Esto sencillamente significa que después de que compres cualquier fondo, es recomendable monitorearlo.

El comprar el mejor rendimiento y vigilar tu inversión es un método sencillo para comenzar. Aprenderás conforme observes el fondo de tu elección con el paso del tiempo. Si te interesa más, puedes entonces adentrarte más en los fondos y sus prospectos.

La medida del desempeño de los fondos es el rendimiento. Si bien esto puede tener una variedad de significados--algunos podrán usarlo para describir las ganancias que obtienes de invertir en un activo que se ha apreciado--el término generalmente se refiere al dinero que recibes de una inversión en particular. Si compraste 10,000 USD del fondo Discrecional de Consumidor, habrías obtenido 10.47% de crecimiento. El Rendimiento o Yield se asemeja al interés pagado en una cuenta de ahorro. Si depositas dinero a tu cuenta de ahorro tu "rendimiento" es el valor del interés que recibes dividido por la cantidad de dinero con la que comenzaste.

Todos Estos 10 Fondos ETF además Pagan un Dividendo al Trimestre

Un dividendo significa que se te repaga dinero adicional a tus ganancias sobre el precio del fondo. Los dividendos se pagan reinvirtiendo en más acciones o con dinero. El inversionista decide cómo se van a pagar los dividendos cuando compras el fondo. Así, tu rendimiento refleja el dinero pagado a los accionistas como dividendos, relativo al monto de tu participación. En otras palabras, no solamente importa lo que pasa con los precios. La cantidad de dinero que recibes por poseer algo es una consideración igualmente importante. ¡Los dividendos son un pago de bonificación, que el inversor recibe por tan solo tener ese fondo en su cuenta!

En realidad, lo que más importa es la combinación de cambios de precio y pagos de efectivo, el retorno o ganancia total. Si el precio de un fondo se aprecia en 5% y tu cuenta de inversión también es acreditada con el equivalente a 3% de dividendos (pagado por la compañía en el portafolio subyacente del fondo) durante 12 meses, entonces has obtenido una ganancia total de 8% en ese periodo. No está mal.

Lo mismo que con otros datos acerca de la economía, condiciones de negocio y compañías económicas, la información sobre desempeño anterior y rendimiento de fondos de inversión específicos por sector y fondos comerciados en bolsa, está disponible públicamente, ya sea con tu corredor, los auspiciantes del fondo, los medios o en Internet. Asegúrate de que los datos se hagan una parte clave de tu arsenal de creación de riqueza. Ya escogido un fondo de sector que te agrade, ¡es el momento de comprar y comenzar a amasar dinero!

* * *

Capítulo 20
Poner Tu Dinero a Trabajar

Ya aquí, probablemente tienes urgencia por aventurarte en este mundo. Pero primero, respira profundo. Sí, a veces la oportunidad toca a tu puerta tan solo un segundo, pero cuando se trata de invertir, generalmente tiene sentido el avanzar mesuradamente. Dicho de otra forma, la oportunidad *siempre* toca a tu puerta. Revisa los pasos que has tomado hasta ahora y ve si es que te faltó algo o algo se hizo mal. ¿Tu cuenta está creada? ¿Hiciste tu depósito inicial?

Entonces necesitarás pensar acerca del proceso en sí. ¿Te has tomado el tiempo para aprender acerca de las opciones en las que te deberías de concentrar? ¿Comprendes de principio a fin las diversas inversiones por sector, incluyendo por qué algunas podrán funcionar bien o mal cuando otras no lo hacen? ¿Has pensado acerca de tu propio conocimiento, experiencia y habilidades para detectar en dónde podrás tener la probabilidad óptima de escoger sabiamente? Sin importar en donde radica tu experiencia práctica, deberías de dejar que esta te ayude a tomar lo que sin duda será una decisión importante.

En el supuesto de que ya has realizado todo esto y te sientes listo para entrar en acción, aún podría ser apropiado contenerte y vigilar esos vehículos de inversión por cierto tiempo antes de presionar el botón. Como con muchas cosas en la vida, a veces se tienen dudas acerca de las decisiones que se toman, después del momento decisivo. Recuerda consultar tu decisión con la almohada y dejar que la cibernética haga su trabajo. La gente suele dejar su decisión para el día siguiente y despierta más convencida que nunca de haber hecho la elección correcta. Tu mente subconsciente siempre está funcionando, incluso cuando duermes; así que, ¿por qué no aprovecharlo?

Presionar el Botón

Vale, ya estás listo para comenzar. ¿Qué pasa a continuación? La mecánica específica del *trading* variará dependiendo de la firma con la que te hayas asociado y el instrumento específico en el que inviertas. Si es un fondo de inversión, típicamente solo podrás invertir o retirar fondos una vez al día, generalmente antes de una hora de corte prefijada. En estos casos, las transacciones son conocidas por lo general como *canjes, transferencias* o *exchanges*, no compras o ventas, porque invariablemente estarás transfiriendo dinero de un fondo, que podría ser un fondo de mercado de dinero, a otro. Los precios a los que operes serán los valores de cierre al día.

Las cosas funcionan algo diferente cuando inviertas en fondos comerciados en bolsa. En este caso, le pedirás a tu ejecutivo, o bien, usarás el teléfono o herramientas de trading en línea que te da la firma de tu elección, ya sea para comprar o vender cierta cantidad de acciones ETF, que son equivalentes a la cantidad de dinero que deseas invertir. Si se trata de una compra, la cantidad que debas, o se deducirá del dinero en tu cuenta, o del balance invertido en un fondo de mercado de dinero, en la fecha de liquidación (que es típicamente tres días tras tu transacción). Por lo general, la transacción se hace durante las horas de mercado que establecen las bolsas.

Sin importar en qué tipo de fondo inviertas o cuál metodología de *trading* tengas, tu intermediario financiero te reportará de una forma u otra, para hacerte saber qué es lo que se hizo. Dependiendo del país y la compañía en sí, puede requerirse que las firmas te envíen confirmación escrita a menos que tú escojas explícitamente emails u otros métodos. Pero estas se envían usualmente un día si no es que varios días después de lo ocurrido. Antes de eso, usualmente puedes descubrir qué pasó o no pasó al contactar telefónicamente al ejecutivo, o usando el software de trading en línea que pueda tener disponible la compañía.

A tal punto, estarás efectivamente invertido en el juego.

* * *

Capítulo 21
Control de Tu Futuro

El poner tu dinero a trabajar es el comienzo. Ahora eres un inversor y necesitarás dirigir una estudiada mirada a tus inversiones--lo más seguro es que nadie más lo hará--y asegurar que las cosas sigan en curso. Virtualmente, cada día laboral para las bolsas, y tal vez en cada minuto de cada día en que los mercados operan, los precios fluctuarán, y así también lo hará el valor de tus participaciones. Algunos de ustedes sentirán la imperiosidad de ingresar cada minuto a una cuenta en línea para ver lo que ocurre. A otros les bastará esperar a recibir sus estados de cuenta mensuales o trimestrales.

Como en todo, lo mejor es aspirar a un justo medio. Si tienes demasiado interés, podrías descubrir que el celo por las inversiones comienza a interferir con otras áreas de tu vida. Por otra parte, si no prestas suficiente atención a lo que ocurre, en determinado momento podrías descubrir que las cosas han empeorado, sin que te dieras cuenta, lo que habría dificultado que hicieras los ajustes necesarios o volvieras a ponderar tus perspectivas.

Pasará una de tres cosas: los precios no se moverán, subirán, o bajarán. También deberás de estar consciente de que será difícil evitar sentirte jubiloso cuando las cosas vayan bien y tus inversiones suban de valor; en correspondencia, será difícil evitar sentirte contrariado cuando las cosas vayan en tu contra. El miedo es algo que suele experimentarse cuando tu balance disminuye, y, por otra parte, surge la codicia cuando ves que tu balance crece. Estas son reacciones perfectamente normales, las cuales hasta los inversores más conocedores y experimentados se esfuerzan por controlar. Por lo general, no es buena idea poner a tus emociones en control cuando se trata de dinero. No hagas juicios a la ligera conforme se disparan tus emociones.

Los gestores profesionales de fondos se valen de diversas estrategias para intentar minimizar los efectos que pueden tener nuestros sesgos y emociones en nuestras decisiones y acciones. Algunos gustan de llevar una bitácora o notas mentales, con actualización regular, con detalles como:

1. Por qué tomaron la decisión que tomaron y qué influenció el momento de su acción.
2. Qué esperaban ver a futuro.
3. Si acaso sus expectativas fueron atinadas.
4. De qué forma se percataron de si sus decisiones fueron correctas.
5. Qué harían si comenzaran a perder mucho dinero o si de pronto se dieran cuenta de que cometieron un error o de que quisieran deshacerse de una compra.

Ellos también podrían revisar sus participaciones y estrategia de forma regular para ver si las razones por las que prefirieron una inversión sobre otra siguen teniendo sentido. Ellos se empeñan en mantenerse informados acerca de lo que ocurre en las compañías y las industrias sobre las cuales invierten, y buscan intencionalmente escuchar las dos versiones de cualquier historia para minimizar el riesgo; o de otra forma, tan solo verán lo que quieran ver. Es muy fácil el pensar, sobre cualquier decisión que tomemos, que es la correcta y que no estará sujeta a cambio, pero como bien sabemos, la única constante en nuestras vidas es que las cosas cambian.

Los inversores avezados también trabajan duramente para estar al tanto de otros desarrollos que pudieran afectar a sus inversiones, incluyendo el prestar atención a tendencias en el mercado como un todo. La mayoría ve CNN.

Siempre que no quedes totalmente presa de la emoción de la actividad, el estar al tanto de lo que ocurre con tus inversiones te será de ayuda en varias formas. Cuando prestas atención a algo, naturalmente ves más que lo que verías de no hacerlo. Comienzas a comprender qué asuntos y qué noticias importan, lo mismo que aquello que no importa. Aprenderás haciendo y observando. Con el paso del tiempo, tu interés debería inspirarte a querer saber más acerca de lo que pasa y por qué, esto eventualmente permitiéndote tomar decisiones mejores y más informadas. Siempre puedes balancear y optimizar tus inversiones.

* * *

Capítulo 22
Cuando las Cosas Salen Mal

Ya se ha dicho, pero bien vale la pena repetirlo: *"Nadie sabe qué ocurrirá en el futuro"*. Ya sea que una persona sea inteligente, esté bien informada, tenga experiencia o solo suerte: la posibilidad de que esta persona pueda predecir con certeza las noticias de mañana más de una o dos veces están en el rango de cero, nunca, jamás. No obstante, tan solo porque no sabemos qué es lo que nos traerá cualquier día en particular, no significa que no podamos depurar el rango de posibilidades. ¿Podemos saber si una persona saludable de 50 años morirá mañana de causa natural? No. Pero, ¿podemos decir que morirá en algún momento durante los próximos 50 años? Ciertamente.

Lo mismo es cierto con los mercados. ¿Podemos saber si un mercado o nuestros fondos, al paso del tiempo, subirán o bajarán? Las compañías individuales pueden fallar, pero al usar fondos de inversión diversificados, termina el riesgo de un quiebre grande, que te deje en ceros. No obstante, al observar, sabremos. Es posible que en algún momento futuro el mercado de valores, así como de tus inversiones sucesivas, pudieran estrellarse.

Y bueno, ¿a qué le llamamos "estrellarse"? Verás, eso depende tu propia perspectiva, pero la mayoría de expertos lo definirían como una baja de 20% o más en un periodo relativamente corto. ¿Es posible que pase algo mucho peor-- algo así como que el valor de los índices mundiales se borre por completo? Nuevamente, es posible, pero las posibilidades de esto son virtualmente nulas. Si ocurriese este caso extremo, entonces la vida misma y la civilización que conocemos probablemente habrían acabado. Dada la conexión entre el Gobierno y las Finanzas para la sobrevivencia del resto del mundo, no te deberías de preocupar.

Felizmente, el prospecto de una anulación total, especialmente cuando inviertes en un fondo que tiene un grupo diversificado de compañías, no es algo que te deba de preocupar mucho. Pero si y cuando los precios caigan y el valor de tu inversión baje, es importante entender cómo eso podría afectarte y qué podrías necesitar hacer al respecto. Como se sugirió anteriormente, los movimientos amplios en tu portafolio pueden propiciar movimientos similares en tu mentalidad. Aunque ningún individuo reaccionará igual que otro, tendemos a experimentar una o dos emociones cuando se trata de dinero: Ambición y miedo.

Cuando aumenta el valor de nuestras inversiones, especialmente si esto pasa rápidamente, puede hacernos sentir poderosos y seguros, y nuestra autoconfianza puede elevarse muy rápido. Desafortunadamente, tales sentimientos pueden alimentar un deseo intenso, egoísta e impulsivo de tener más de lo mismo, lo que puede llevarnos a abandonar una estrategia conservadora en pos de ganar rápidamente o actuar sin realmente considerar las cosas. Cuando la codicia toma el control, los inversores suelen encontrarse persiguiendo a los ganadores de hoy y apostando a que aquellas inversiones que se hayan apreciado recientemente, harán lo mismo en el futuro.

Cuando nuestras inversiones pierden valor, esto puede desencadenar una reacción diferente. Podremos sentir pánico y desesperanza, como si solo fuera cuestión de tiempo antes de que caigamos en la pobreza y desesperación. Algunos podremos sentirnos como un animal congelado en la carretera de noche a punto de ser atropellado, sin poder tomar cualquier decisión necesaria. O también, podríamos entrar en pánico y buscar frenéticamente una salida. Aunque para nuestros ancestros hace mucho tiempo tenía sentido el reaccionar sin pensar cuando enfrentaban la posible incertidumbre del peligro, una perspectiva así no es de gran ayuda cuando se trata de invertir.

Ha habido varias ocasiones en las que los inversores permitieron que sus miedos inmediatos les hicieran aventar al bebé al agua caliente. Durante la Gran Depresión de los 1930, muchas personas fueron presa del miedo, y esto resultó que muchas de estas hiciesen cosas de las que se arrepintieron o las que les causaron a ellas como a sus seres queridos, un gran dolor. Ciertamente, muchas estaban aterrorizadas por la venta imparable que veían en los mercados financieros, pero al asumir la mentalidad de la multitud, se perdieron de una oportunidad de asegurar su futuro, que no volvería por varias décadas.

Estrategia Stop Loss

De hecho, el momento para salir de una inversión no es cuando tienes miedo o te encuentras emocional. El tiempo para salir es cuando ocurren cosas sobre las que te habías decidido *antes* de hacer la inversión. Conocido como estrategia de parada de pérdida o "stop loss", tal plan de acción está diseñado para asegurarte de que estás al mando de tus inversiones, no al revés. Aunque hay varias metodologías que puedes tomar, las más comunes son esas basadas en cierta combinación de precio y tiempo.

Un stop loss basado en precio es bastante fácil de entender. Determinas por adelantado cuánto de tu inversión inicial estás dispuesto a perder--digamos, tal vez 10%--y si el valor de tu inversión cae a tal punto, haces lo necesario para venderla o intercambiarla por algo diferente, típicamente fondos de mercado de dinero o efectivo, al día siguiente. Al hacer eso, aceptas que fue un error y limpias el tablero para algo mejor. Eso no significa que no te sentirás mal acerca de haber perdido el dinero--eso es natural. Lo que significa, empero, es que pensarás como un inversor de largo plazo que comprende que a veces las cosas saldrán mal. Recuerda, ¡hasta los mejores bateadores de liga anotan apenas un hit de cada tres!

Siempre está la posibilidad de que salgas de una inversión en el momento incorrecto. Pero eso no importa. La clave para construir riqueza es trabajar con un enfoque consistente a largo plazo. Como han dicho varios entrenadores de americano: *"No son las maniobras brillantes de ocasión las que ganan los juegos de fútbol; cada primera línea mantiene el balón en juego y eso lleva al éxito a largo plazo"*.

* * *

Capítulo 23
No Olvides al Fisco

[En todos lados se pagan impuestos, claro.
Pero aquí se consideran los impuestos para
quienes invierten en EE. UU. Recomiendo al
resto de inversores que no tomen en cuenta
este capítulo, pero que obtengan asesoría de
un contador respecto a sus obligaciones
tributarias.]

Se ha dicho que "*En este mundo solo hay dos cosas seguras: la muerte y los impuestos*". Y mucha gente no piensa demasiado al respecto, asumiendo que es algo que no controlan. Pero cuando se trata de lo que eventualmente vas a darle al gobierno, sí tienes cierto control.

Para los estadunidenses, al administrar tus asuntos día a día, puedes intentar ajustarte cuando haces ciertos pagos deducibles de impuestos o recibes ingreso gravable, de forma que el resultado neto sea a tu favor. Si, por ejemplo, tuviste un gran año en lo financiero y encuentras que tu tasa impositiva sería mayor de lo que habías anticipado en un principio, podrías desear considerar el pre-pagar gastos que técnicamente no considerarías hasta el siguiente año, consiguiendo así reducir el ingreso gravable de este año. De forma alternativa, si obtendrás un bono al final del año o si eres un emprendedor que espera un gran pago, podrías solicitar que los cheques se emitan hasta enero.

En el tema de tus inversiones, la forma en la que procedes acerca de optimizar tu posición fiscal depende en gran medida de en qué tipo de cuenta se reúnen tus inversiones. Como ya se había dicho, una forma de invertir es mediante una cuenta de impuesto diferido. Las IRA y 401(k) no solamente te dejan invertir una porción de tus ingresos libre de impuestos, también te permiten evitar el pagar impuestos sobre cualesquier dividendos, interés o ganancias que obtengas sobre esta inversión hasta que comiences a retirar los beneficios. Antes de eso, tu dinero se incrementa libre de impuestos. No obstante, hay reglas respecto a cuánto puedes invertir cada año con tales planes y cuándo puedes o debes de hacer retiros. Tendrás que pagar penalidades si necesitas el dinero antes de lo que permiten generalmente las reglas. Para muchos MGTOW, el escoger usar cierta parte de tus activos para disfrutar de la vida hace de la penalidad algo fácil de pagar.

En contraste, si tus inversiones se mantienen en una cuenta gravable, hay una variedad de decisiones que puedes tomar para beneficiarte, al costo del fisco. La primera probablemente es la más fácil. Cuando los precios se mueven a tu favor, no vendas ni dejes los instrumentos ganadores hasta que tengas o quieras hacerlo. En la mayoría de los casos, no debes nada de impuestos sobre ganancias de inversión hasta que decidas cerrar la posición. Adicionalmente, si te adhieres a una inversión por un periodo de tiempo extendido, generalmente 12 meses o más (si bien las leyes están sujetas a cambios), lo que sea que ganes al cerrar se gravará a una tasa más baja que la normal, cosa que se conoce como tasa por ganancias a largo plazo (*long-term capital gains rate*).

Claro que, los impuestos no habrán de ser tu único principio de guía. Mientras que muchas personas hacen todo lo que pueden para evitar pagar un céntimo al gobierno, las decisiones de inversión debieran de ser siempre lo primero. Si, como se expuso anteriormente, tu estrategia de parada de pérdida te deja con ninguna alternativa aparte de vender tu fondo, deberás entonces hacer eso, sin importar las consecuencias con los impuestos. Y aunque podría parecer una buena idea el demorar la realización de una ganancia grande, en el caso de que las circunstancias hubiesen cambiado y así existiera riesgo, de forma que tu inversión podría bajar severamente como resultado, entonces las consideraciones fiscales definitivamente debieran de estar en segundo lugar.

Bien vale la pena tener en cuenta que hasta aquellos que se consideran experimentados y bien informados, la han pasado difícil para entender y mantenerse al día con las miles de líneas de texto, constando de millones de palabras para los diversos códigos fiscales federal, estatal y locales. Si existe cualquier duda respecto a lo que puedes o no puedes hacer, o sobre cuáles serían las consecuencias, fuesen impositivas o financieras para cualquier decisión, entonces deberías de consultar a un experto en la materia.

Algunos de los lectores podrán ya saber que el autor pasó décadas trabajando en un *roller derby* profesional. El siguiente y último capítulo fue inspirado por dos jóvenes varones patinadores de las ligas de hoy, que comparten un problema, y que además representan a millones de otros hombres.

* * *

Capítulo 24
Nico Tiene Suerte

La alcoba está tintada de oscuridad. Dos cuerpos entrelazados pulsan, y el calor animal y el indudable olor de concha y almizcle llenan el aire. Una solitaria gota de sudor se desliza por la frente de Nico y cae en la cara de Marina, que se cimbra debajo de él.

Su respiración se detiene y ella jadea: "¡Por favor, Nico! Me lastimas—" Ella gime y se zarandea intentando librarse.

"Quieta, ramera. Sé que eres eso". La voz de Nico es profunda e imponente, y se jacta. No hay duda sobre quién domina aquí. Nico está al mando. Marina se estremece lado a lado, intentando liberarse. Las lágrimas ruedan por su suave mejilla.

"Eres demasiado grande, Nico. No puedo—" Vuelve a jadear.

Los ojos de Nico se crecen. "¿Qué ocurre, puta? ¿No te cabe?"

Ella lo empuja, alejándolo, y cruza sus brazos sobre sus pechos. Nico sujeta sus muñecas y los hunde en la almohada. "¡Calla! Eres mi esclava esta noche".

"Por favor, Nico. ¡Hazme tuya!". Los ojos de Marina brillan con una mezcla de excitación y miedo.

Nico la sofoca con un beso. Él separa las piernas de ella y taladra con su pija en la concha de ella.

¡RIIING! Sus ojos entonces se abrían. Se daba la vuelta al borde de la cama y apagaba la alarma. "Ese maldito sueño de nuevo". La visión se desvanecía. Esperaba a que su erección matutina cediese. Cuando esto no ocurría, se la jalaba rápidamente, llegando al clímax imaginándose la cara de pasmo y temor de Marina. Se limpiaba la mano en la sábana y alcanzaba su móvil, para ver sus emails.

Cuando Nicolás Esteves, de veinticinco años, abrió por primera vez el perfil de Marina Reynoso en OKCupid, él no podía creer que esta impactante rubia, con ojos verdes y pómulos elevados, era soltera. Nico no había tenido sexo por meses. Desesperado, había recurrido a Internet. Al admirar sus fotos, sentía como su mejor amigo se vivificaba con sangre. Aplastó la nariz contra la pantalla.

24, 1.68, DELGADA. SOY DERECHA, CARIÑOSA Y LEAL. ESCUCHO TODA MÚSICA, MÁS JAZZ, POP, Y CLÁSICA. ALGO CASERA. ¡ME ENCANTA ACURRUCARME CON CHOCOLATE CALIENTE HUMEANDO Y PELÍCULA DE CHICAS! MI NOVELA FAVORITA "THE NOTEBOOK" DE NICKOLAS SPARKS.

Le pareció prometedor. Nico abrió su propio perfil. En comparación con el de Marina, la descripción que puso, era muy directa.

25, 1.79, ATLÉTICO. SOY INGENIERO ADMIN INFORMÁTICO Y BUSCO ROMANCE. PREPÁRATE A SER TRATADA MEJOR QUE CON CUALQUIER OTRO PRETENDIENTE. SI TE GUSTA EL BÉISBOL PUES MEJOR.

Nico se decidió a escribirle un mensaje. Siendo nuevo en el mundo de Citas por Internet, no se le ocurría qué escribirle. Él revisó su texto seis veces antes de picar Enviar. Entonces, en un momento de insoportable inseguridad, volvió a leer lo que había escrito.

¡BIENVENIDA A PHILADELPHIA! ESTA ES MI CASA, Y ME ENCANTARÍA MOSTRÁRTELA. PODRÍAMOS VISITAR NATIONAL PARK, LIBERTY BELL, Y LA CADA VEZ MÁS POPULAR ESTATUA DE ROCKY BALBOA, JAJA. Alegre y casual. Y hasta logró proyectar un aire de caballero, en vez del de un perro ansiado de intimidad. Las mujeres por lo general no aprecian a los chicos que se les lanzan de inmediato. El truco consistía en hacerse ver como un aliado, sin que al mismo tiempo lo *friendzonearan*. El cuerpo de Nico se sintió afiebrado, con sus palmas húmedas, revisando a cada momento por una respuesta de ella. Él sabía que era demasiado pronto, así que puso en suspensión su computadora y procuró ocuparse con otras cosas. Pero sus bolas seguían inquietas, así que checó su bandeja de entrada cada diez minutos al paso del día. No podía dejar de pensar cuánto deseaba estar cerca de Marina. Él se preguntó cómo se sentiría su piel, y qué tal le sabría un beso suyo. Cuando abrió el correo en lo que parecía la milésima vez, vio que ella le había dejado un mensaje.

¡HOLA NICO! ¿CÓMO ESTÁS? GRACIAS POR ESA LINDA OFERTA. ME GUSTARÍA DAR LA VUELTA CONTIGO. ¡DIME CUANDO ESTÉS LIBRE!

¡Vaya! El corazón de Nico se aceleró. Al contestarle, tuvo que recordarse mantener todo tranquilo, amigable. QUÉ BIEN QUE ME CONTESTASTE. Y, ¿QUÉ TE TRAE A PHILLY?

YA TENÍA QUE SALIR DE PITTSBURGH. ES BONITO, PERO NO ENCONTRÉ TRABAJO AHÍ

¿A QUÉ TE DEDICAS?

SOY COORDINADORA DE CLIENTES EN UNA EDITORIAL

¡Venga! Pase completo. Respiró profundamente. SUENA BIEN, ¿TE GUSTA?

CREO QUE ESTÁ BIEN

Su conversación se prolongó por una hora. Finalmente, Marina comenzó a apresurar su salida. CREO QUE DEBO REGRESAR A TRABAJAR

Nico sintió su corazón hundirse. Sin querer lucir débil, intentó mostrarse tan casual como fuera posible. YA, TENGO QUE HACER ALGO. QUÉ GUSTO PLATICAR CONTIGO HASTA LUEGUITO

Sonrisa de oreja a oreja en la cara de Nico. HASTA PRONTO

Al picar Enviar, Nico imaginó un beso eléctrico zumbando por los cables de fibra óptica. ¡Salía bien! Él estaba crecido. Su entrepierna tenía una sensación sorda de pulsar. Miró hacia abajo, y notó su pito, duro como acero.

Durante el día, Marina no estaba tan disponible. Nico usualmente era el que iniciaba la conversación, y a ella le tomaba cierto tiempo responder, y siempre era breve. La mayoría de sus conversaciones se daban en las noches, entonces era cuando Marina parecía tomar energía. A pesar de su creciente afección por ella, Nico mantuvo el tono sereno. Jamás habló de religión o política. Una noche, Marina le mandó un mensaje breve pasadas las once. A Nico le sorprendió. Para ella, eso era demasiado tarde.

HOLA. ¿QUÉ HAY?

A Nico le atacó la curiosidad. EN CAMA. ¿TÚ?

TAMBIÉN YO. ¿ESTÁS SOLO?

Su corazón comenzó a latir imaginándola en cama. ¿Estaba desnuda? PUES CLARO. ¿QUIÉN MÁS PODRÍA ESTAR?

DECÍA EN TU PERFIL QUE BUSCAS ROMANCE. ¿TAL VEZ YA LO HABÍAS ENCONTRADO?

La boca de Nico se secó. ¿Qué había con ella? Él recordó que había que mantener todo tranquilo. Se recordó a sí mismo, mantener todo ligero. NO. SIGO BUSCANDO, JA

YA ES MUY TARDE. ¿POR QUÉ NO ESTÁS DORMIDO?

A VER, ¿Y TÚ? ;)

YO CREO QUE POR LO MISMO QUE TÚ

Nico no podía decidirse si es que sus bromas eran molestas o sexys. ¿Ella se estaba mofando o buscaba sexo por teléfono? Él sintió que ella lo ponía a prueba. Él no se quiso mostrar calenturiento. Por otra parte, no quería aparentar que no le interesaba. ME PUEDO IMAGINAR UNAS CUANTAS FORMAS PARA PASAR EL TIEMPO

¿CUÁLES?

Para este momento, Nico ya la había empalmado. ¿Habría de invitarla a venir, o eso sería demasiado directo? ¿LEER UN LIBRO O VER LA TV, TAL VEZ? Diantres. ¿Con eso había arruinado su oportunidad de coger esta noche?

CREO QUE DEBERÍA DORMIR

ME GUSTÓ PLATICAR CONTIGO. QUE DUERMAS BIEN

TÚ TAMBIÉN

Él se masturbó, imaginando su semen salpicando la cara de ella. Al día siguiente, él volvió a leer la conversación, preguntándose si sus respuestas tendrían que haber sido más sugerentes. Al paso de unos cuantos días de plática entrada la noche, comenzaron a hablar por teléfono. La voz dulce y de niña de Marina le hizo sentirse fuerte y masculino. Ellos coquetearon bastante entre sí, pero jamás trataron directamente el tema del sexo. Él en ocasiones podía figurar la sonrisa de Marina en su voz, conforme le hacía bromas y rodeos, llevándole casi al punto límite.

"Me pregunto si es el momento de comenzar a pensar en el primer paso de nuestra jornada juntos", dijo Nico. "¿Sabes de qué hablo?"

"Todos necesitan sexo", dijo Marina casualmente, con risa.

Eso fue, prácticamente, demasiado fácil. El estómago de Nico dio vuelta. "Tengo algo de experiencia al respecto".

"Y yo. No todo fue positivo".

"¿En verdad? ¿Qué pasó?"

"Me han lastimado. Mi corazón salió herido anteriormente".

Imaginándose lo peor, Nico se alzó con una ola de empatía. Intentó desatar el nudo de su garganta. "Realmente lo siento".

"Ya está bien, pero me ha dificultado el confiar en los hombres". Su voz sonó quebradiza, frágil.

Nico se preguntó qué cosa podría decir para asegurarle que él era diferente y que sobrepasaría su expectativa.

"Las relaciones pueden ser tan dolorosas", dijo Marina.

Nico la imaginó posada al borde de su cama, intentando no llorar.

"Es decir, puedes estar loca por alguien, y luego te das cuenta de que no era bueno para ti. Porque es demasiado diferente y está demasiado lejos".

"Sé a qué te refieres", dijo Nico con voz reconfortante.

"¿Lo sabes?"

"Claro. Pero no todos los hombres son iguales. Y tienes que aprender a volver a amar. Si no puedes confiar en nadie, terminarás sola".

"Sí, pero al menos no me herirán".

"De arriesgarte, podrás perder, pero si no arriesgas nada, ya perdiste desde un principio".

"Vaya, qué profundo. Sobre todo, viniendo de alguien técnico como tú".

"Gracias. No todos los técnicos somos aburridos". Nico sentía alivio de que su pedestre intento por explicar su interpretación filosófica de la vida y el amor le había parecido a ella. Podía sentir su propio humor elevándose.

"Me encantan las películas, ¿y a ti?" dijo Marina, espontáneamente. "¿Viste *Fifty Shades of Grey*?"

Nico rió. "¿Quién no?"

"Me gustó. Me gustó mucho", ella dijo con serenidad y modulación.

Nico sintió que ella le enviaba una señal, inconfundible. Él se tragó el nudo de su garganta. "Ya veo. ¿Te gusta rudo?" Esperó su respuesta, conteniendo la respiración.

"Tan solo digamos que me gusta un hombre que mande en la cama". Su voz tenía un tono juguetón. "Respondo a la dominación masculina. ¡Nada extremo! Unos cuantos azotitos pueden ser divertidos".

Nico tosió fuertemente, intentando ignorar su franca erección. "Yo puedo ser bastante imponente", dijo Nico. Le excitaban fantasías de sexo brutal, pero jamás había experimentado el jugar roles u otras formas de BDSM.

"Platícame más de tus fantasías", le ordenó Nico.

Marina bostezó. "Tal vez en otra ocasión. Debería de intentar dormir".

"Oh, sale. Claro". La empalmada de Nico se deshizo. ¿Cómo es que lo había estropeado? O, ¿ella era una calentadora nada más? Más tarde por la noche, él se masturbó, imaginando las muñecas de ella sujetas a la cabecera.

A las siguientes noches, hablaron por teléfono. Sus conversaciones se prolongaban a la media noche, y Marina a veces se quedaba dormida. Nico hablaba de su trabajo, y a Marina parecía impresionarle lo duro que él trabajaba, así que él comenzó a exagerar sobre la importancia de su trabajo. Él dijo que planeaba comprar una motocicleta. Esto no era cierto, pero ella reaccionó con tal entusiasmo, que él comenzó a investigar sobre motocicletas, y solía ponerla al tanto sobre qué moto consideraba comprar.

"¿Te gustan los deportes?"

"Claro. Pues si soy un chico. Mi favorito es el béisbol."

"O sea, ¿lo juegas? ¿O solo te sientas en el sofá a verlo?"

Nico no era el mejor deportista, pero para nada era un sedentario. Iba al gimnasio dos veces a la semana. En los domingos, a veces salía a correr un poco por su vecindario.

"Me gusta jugar, pero es difícil encontrar el tiempo, porque mi carrera es tan absorbente", le dijo.

"Si", dijo Marina con dulzura. "Tienes tanta responsabilidad, tanta gente a tu cargo. Pero, más responsabilidad, significa más dinero, ¿cierto?"

"Sí, pero también es más estrés. El dinero es importante, pero no es todo ni el fin último".

"Es importante. Seguro querrás casarte y tener una familia. Los hijos cuestan".

"Nico jamás había pensado mucho al respecto. En lo que a él respectaba, aún le quedaba mucho tiempo. Al llegar a los treinta, comenzaría a considerarlo, él había decidido. Esa era una buena edad para tener niños. Él sabía que el tema de conversación sin duda la pondría húmeda debajo, de modo que no cambió el tema ya mismo.

"Claro. Por supuesto que quiero tener hijos. Para el momento en que eso ocurra, planeo tener ahorros seguros".

"Eres inteligente. Y, de 1.79, ¿verdad? Pareces perfecto. ¿Con abdomen de lavadero?"

A Nico le dio gusto que ella hubiera cambiado de tema. "Pronto lo sabrás". Él era un hombre bien parecido, y siempre lo había sabido.

"Eres divertido. Eso me gusta en un chico", dijo suspirando. "¿Alguna vez estuviste en el ejército?"

¿Por qué motivo ella le preguntaba eso? Tal vez ella tenía un fetiche por los tipos en uniforme. Nico jamás había servido en el ejército, aunque lo había considerado seriamente después de salir de la preparatoria; si bien, finalmente se dirigió, sin más, a la universidad.

"Lo pensé, pero jamás me enlisté", le dijo a Marina. "Soy diestro con la pistola".

"Hmm", ella dijo, sugestivamente.

El rió. "Mi tío tiene un campo de tiro, y yo solía ir ahí en ocasiones para desahogarme. Pero, para ser honesto, prefiero las computadoras".

"Ya veo". Se detuvo Marina. Nico podía oírla respirando contra el micrófono.

"¿Qué tal si alguna vez vamos a cenar?", Nico sintió su rostro palidecer. La pregunta había salido de la nada.

Ellos tuvieron su cita para cenar a la noche siguiente, y luego hubo otra, y otra. Nico siempre pagó, pero no le importó. Marina era una gran chica y todo iba perfectamente. Conforme la conoció mejor, había mucho más de ella que le interesaba además del sexo, pero ya para la cita número cinco, le pareció a él que era el momento de que ella se las diera. Él reservó una mesa para dos en Vetri, el restaurante más exclusivo de Philly. El ítem más barato del menú era de ciento cincuenta dólares. Él sabía cuánto le impresionaba a ella el dinero. Esa cuquita pronto se la adjudicaría él.

* * *

Nico detuvo el auto. "¡Henos aquí, *Mademoiselle*!"

Se bajó del auto y dio la vuelta para abrir la puerta a Marina. Le ofreció su brazo en tanto ella grácilmente puso su brazo alrededor del suyo. Se acercaron a la entrada del restaurante; Nico sostuvo la puerta abierta para una pareja con un hijo con pecas y cabello rojo corriendo detrás de ellos. Nico le sonrió e hizo un gesto chistoso para el niño. "Buenas noches, jovencito", dijo Nico, haciendo reverencia. El niño se carcajeó y le sonrió a Nico antes de correr y alcanzar a sus padres.

"Madre mía. Serías un padre fenomenal", dijo Marina con mirada de ensueño en sus ojos. Ella le dirigió una sonrisa sensual, frunciendo sus exquisitos labios.

¿Yo? ¿Un padre? ¿Un ejemplo a seguir? El corazón de Nico se hinchó de orgullo masculino al ver a Marina, con ojos brillantes. A él le agradaba la idea de pasar sus rasgos, talentos y conocimiento a un hijo. "Supongo que eso podría ser verdad", dijo Nico humildemente, pero se adentró al restaurante con su cabeza en alto y sus hombros relajados.

Ya que se habían sentado en su mesa, Marina sonrió encantada. "Qué maravilloso lugar. ¡Y nos conseguiste la mejor mesa! Debes de tener excelentes conexiones". Mientras, jugueteaba con uno de sus aretes.

Nico se encogió, fingiendo modestia. "Conozco a algunas personas", dijo él enigmáticamente. En realidad, él había ido horas antes en la tarde, y le había dado a la *maître d'* doscientos dólares por la mesa y otros cien para que le hablara por su nombre. Él se sentía feliz con ella disfrutando de su elección para la noche. Él se sintió un hombre auténtico.

"Me podría acostumbrar a este tipo de trato", dijo tímidamente Marina, insinuando que más le valía a él seguir así, pero también que ella podía imaginar a ambos juntos por un tiempo.

El corazón de Nico se expandió. Marina ordenó fusilli de azafrán con langosta y Pernod. Nico ordenó fettuccine de pistache con alcachofas. Marina se veía impresionante, y él se preguntó si tendrían sexo esa noche. Él había sido demasiado licencioso por mucho, mucho tiempo.

Él aclaró su garganta. "¿Recuerdas la primera vez que conversamos? Yo no podía creer lo sexy que sonabas".

"Qué elogio tan lindo", dijo Marina, sonriendo penosamente. El sommelier se acercó a su mesa. Marina ordenó Bonarda sin siquiera ver la carta de vinos.

"Sabes de vinos", le dijo él.

Marina sonrió.

"¿Intentas embriagarme?", le dijo. "Tal vez no soy uno de esos chicos".

"¡Ay, Nico-Nico!", rió ella, algo obnubilada.

Al llegar la comida, Marina desdobló su servilleta y la puso en su vestido. Nico olfateó ese terrenal aroma del pistache. Ellos comieron con gusto. Por un instante, comieron en silencio.

"Así que, ¿he tenido éxito en conquistarte con mi encanto e increíble apariencia?, preguntó Nico, con un viso de humor en sus ojos.

Marina le dedicó una seductora sonrisa. "¿Quién dijo que tú eras apuesto? ¿Tu mamá?"

"Una mujer sabia"

Marina soltó una risotada antes de pasar la servilleta por sus labios. Ella brillaba de la emoción. Nico indicó al mesero que volviera a servir la copa de Marina.

"Tal vez tú eres el que me quiere embriagar esta noche", dijo Marina.

"Yo solo atiendo a mi dama. ¿A poco está mal?", Nico la vio tiernamente a los ojos. Él se preguntó cómo se vería ella al tener un orgasmo.

"Tan caballeroso". Ella apuró su bebida y la puso en la mesa. "¿Cómo fue tu semana? ¿Tuviste esa reunión importante del trabajo?"

Ella se veía tan hermosa y olía increíblemente. Nico se sentía algo mareado. "Oh, sí. Sobre seguridad de datos. Ya sabes, cómo mantener la información segura".

"Ni digas, con el hackeo a Ashley Madison—"

Nico deglutió. "Pues sí".

"¿Te imaginas a más de treinta millones de personas, casadas, y con todo andando por ahí buscando sexo? Nadie se toma sus votos en serio".

Él se preguntó si aquellas personas estaban tan enamoradas como él. Él aún no podía darle palabras de amor a ella. "¿Será que se les acabó el amor?"

"Qué tonto". Ella arrugó la cara como marioneta, mientras zarandeaba la cabeza.

"Si realmente amas a alguien, deberá de durar para siempre." Si así siguiese y se ganara su confianza, tal vez ella lo ataría y le lamería las bolas.

"Oh, no lo sé. Me gustaría creer eso, pero pues, sabes, toda la vida es un tiempo muy largo"

Nico parpadeó. "¿Qué quieres decir?"

Marina revisó su copa de vino. "La gente cambia con el tiempo. Es fácil tener fe al inicio de una relación, ¿pero qué pasa con eso a largo plazo?"

El estómago de Nico se sacudió. "Entiendo tu punto", dijo él con voz baja.

La cavilación de Marina había devenido en melancolía, y Nico sintió que la oportunidad se le iba de las manos. "No todos los hombres son iguales. Realmente tienes que creer eso".

Marina sonrió y asintió. Los dos compartieron un silencio contemplativo.

"Estoy pensando en comprar esta TV de 80 pulgadas, Ultra HD", dijo animosamente Nico, esforzándose por aligerar el ambiente.

"¡De lujo!"

"Sí, es que me gusta ver deportes. Y la calidad de la imagen en esas cosas es fenomenal".

Marina asintió. "Decías que te gusta la nueva tecnología".

"Sí, hay cosas fascinantes saliendo. Recién chequé algunas de esas TV 4K nuevas. Son algo caras, pero la calidad es sorprendente y el contenido 4K comienza a estar disponible en Internet. Incluso en Netflix o YouTube".

Marina pasó su vino y lo miró con ojos radiantes.

Nico siguió hablando, intentando regresar al tema del sexo. "Y sí, pues busco una nueva PC de escritorio para tener en casa. Claro, ya tengo una laptop, pero en términos de velocidad de procesador y todo, las de escritorio son todavía mejores".

"Parece que vas a comprar muchísimas cosas. ¿Estás seguro de que ganas suficiente dinero?". La pregunta quedó en el ambiente.

"Comienzo en IBM con sesenta y cinco mil al año", dijo él con claridad. "Estoy en almacén de datos y planeo reubicarme en sistemas de seguridad de aplicaciones". Él llevó ensalada a su boca mientras que veía a Marina directo a los ojos.

Marina lucía muy impresionada. "Eso suena maravilloso".

Debajo de la mesa, las bolas de Nico se engarrotaron. Se inclinó hacia la mesa, y Marina cerró sus ojos.

"¿Más vino?", dijo alegremente el mesero. Este no parecía notar que justo había interrumpido lo que se suponía sería un beso apasionado.

Nico movió los ojos para atrás. Marina soltó una risita y se ruborizó. El mesero llenó las copas y se retiró. Nico sintió una mano tibia en su muslo. La sensación mandó pulsos de energía sensual arriba y abajo en su espina.

"Creo que me enamoro de ti", dijo Marina.

Nico se inclinó en la mesa y la tomó firmemente, besándola con pasión. Cuando se despegaron para respirar, Marina recuperó compostura. "¡Este es uno de los mejores restaurantes en la ciudad! Compórtate". Ella le guiñó y apretó su muslo bajo la mesa.

"¿Cómo esperas que me comporte cuando veo a una mujer tan hermosa?"

"¿Piensas que soy hermosa?"

"Bueno, según veo. Pero no lo he visto todo aun".

Marina le dio una sonrisa de complicidad. Se miraron a los ojos.

Nico dijo: "Ya es nuestra quinta cita —" La frase quedó en el aire.

"¿Y?"

"¡Nada! Es solo una observación. Vamos bien, ¿no crees?"

Marina sonrió. "Puedes contar hasta cinco. Igual yo. Y tengo una regla de cinco citas". Entonces, ella se reclinó hacia él. Con su boca cerca del oído de él, suspiró: "Siempre espero hasta la quinta cita antes de tener sexo".

El corazón de Nico se aceleró. "¿Entonces esta noche tendré suerte?"

"¿Quién lo sabe? Yo diría que tendrás suerte si me das suerte tú a mí".

"¿Eso qué significa?"

Marina sonrió. "¿Qué tal si vamos esta noche a tu casa?"

* * *

La luz de la alcoba resplandecía suavemente contra las sábanas al tiempo que Nico exploraba a Marina con sus dedos. Las suaves curvas de su cuerpo desnudo le electrizaban hasta el tuétano. El pasó sus manos por su abdomen plano, sus suaves pechos. Y alrededor de su espalda para asir sus firmes nalgas. Marina gimió suavemente en la oscuridad, dejando salir aire con murmullos breves. Todo en ella era perfecto, su apariencia, tacto, sabor y olor.

Marina masajeó los bíceps de Nico y los llevó con tiento a sus hombros y espalda. Su cuerpo se estremeció a su tacto. Ella le dio vuelta a él, para tenerle de frente, y llevó su lengua por su pecho y estómago, hasta su entrepierna. Ella engulló su verga. La respiración de Nico se aceleró mientras que ella le saboreaba como una paleta. Él la replegó, volándola hacia la cama. Al montarla, separó sus piernas y le metió la verga con aplomo. Ella estaba tan mojada que él se deslizó al penetrarla.

"Síiiiiiii", gimió ella.

Las manos de Nico exploraron su cuerpo a la vez que su verga exploró su coño. Con cada empuje de sus caderas, se compenetró aún más.

"Dios, estás tan estrecha", le gimió él.

El placer se multiplicó hasta que era prácticamente insoportable. Nico explotó dentro de ella a la vez que ella ya luego se venía. Él se sorprendió de cómo podía sentir cada minúsculo pulso y contracción. Después, ellos respiraban recuperando el aire. El corazón de Nico latía con fuerza, y su pecho le hacía jadear, relajándose abrazados ambos.

Marina sacó un sonido gutural contenido. Ella era como una gatita con un tazón de crema.

"Qué bien estuvo eso". Nico suspiró.

Marina se incorporó, con sobresalto. "¿Qué hora es?", dijo ella, mostrando agitación.

"Como las diez. ¿Por qué?" Él no podía entender qué era lo que había causado su cambio de humor.

Marina se estiró y levantó. "Mejor me voy a casa".

"Si quieres, puedes quedarte".

"Tengo que irme"

"¿Estás bien? ¿Algo salió mal?" Nico sentía que una trampa estaba a punto de abrirse debajo de él y le haría caer al abismo.

"No, para nada". Marina encontró sus pantaletas y comenzó a ponérselas. "Es que, mira—este, tengo que decirte algo".

"¿Qué?" Nico se rió con un esfuerzo para disfrazar su pánico. "¿Saldremos con Jerry Springer? ¡Me vas a decir que naciste hombre!"

"Tengo que ir a casa con mis hijos"

"El estómago de Nico se hundió. Su mente pareció desvanecerse. "¿Hijos?"

"Oh, sí. Tengo tres". Marina subió el cierre de su vestido y le sonrió inocentemente.

Nico no podía hablar. Pateó las sábanas.

"¿Hay algún problema?", preguntó ella, sonando casi agresiva.

El corazón de Nico golpeaba en seco su pecho, mientras él intentaba procesar la información. "Jamás los habías mencionado. ¿Por cuánto tiempo hemos hablado?".

"Todos tenemos nuestros secretos y sorpresas", dijo Marina con pena. "Por ejemplo, jamás me habías dicho cuán, pues — *dotado* estás".

Nico sintió que sus mejillas se inundaban de orgullo. Una sonrisa pobló sus labios. A pesar de la emoción obtenida por el estímulo a su ego, Nico se sintió mareado y su cabeza daba vueltas. Se llevó los dedos a su cabello en tanto que nubes oscuras se conjuraban en su mente. Marina estaba de pie en la puerta, pintándose los labios. Le envió un beso volado sobre su hombro y se esfumó.

Nico sacó el aire y se hundió sobre la almohada. Al mirar el techo, sus pensamientos se arremolinaban como un pequeño tornado. ¿Qué caramba era eso? Él punteaba su pecho con un dedo a la par del segundero del reloj de pared. "Estoy viendo a una mujer con hijos", dijo él, para ver cómo sonaba. Se estiró para tomar su teléfono y puso en el buscador *salir con madres solteras*.

El resultado principal era un video de YouTube de un tipo de nombre Tom Leykis que decía que jamás deberías de casarte con una madre soltera. Un hombre hablaba por teléfono al *talk show* y compartía su experiencia de salir con una mujer cuyos hijos fueron engendrados por su novio anterior. Era como si aquél describiera la relación de Nico con Marina. Por su mente pasaron memorias de los últimos meses. Cositas que Marina había dicho, insinuaciones y gestos, y todo tuvo sentido. Era un rompecabezas con muchas partes en movimiento. Al terminar el video, Nico, sin más, lo volvió a ver.

Al paso de los siguientes días, la sensación de intranquilidad siguió creciendo en él. Nico comenzó a re-examinar su relación con Marina. Él aún sentía una atracción profunda hacia esta hermosa y sexy jovencita. Ella era fenomenal en la cama y ansiaba sentir sus piernas atrapando su cintura nuevamente. Pero a él no le parecía la forma en la que ella había ocultado el hecho de tener hijos, y que lo mencionara tan casualmente justo tras la primera vez que habían tenido sexo. Esto parecía insensible por decir lo menos, y hasta tal vez era algo manipulativo. Y luego, se auto-elogió con el comentario acerca del tamaño de su verga. Nico puso los ojos en blanco. ¿Cómo podría haber sido tan ciego?

Nico comenzó a investigar el tema con empeño, para armarse de información.

No pasó mucho antes de que él encontrara un movimiento llamado Men Going Their Own Way (MGTOW), *Hombres Tomando Su Propio Camino*, cuyo sitio web tenía gran cantidad de información que parecía ser de gran utilidad y significado para todos los hombres. ¿Cómo él nunca había oído de esto antes? ¿Dónde más podían los hombres aprender acerca de relaciones heterosexuales potencialmente tóxicas? Las ideas que presentaba parecían obvias, pero en esencia, el problema era increíblemente más complejo. Nico deseaba aprender más.

Una búsqueda en YouTube llevó a otro video ilustrativo: De **Stefan Molyneux**, *The Dangers of Dating a Single Mom* **(Los Peligros de Salir con una Madre Soltera)**. Molyneux estaba sin duda enterado en el tema, y estableció las cosas con alarmante claridad. Nico encontró muchísimos videos en los que los hombres daban cuenta de sus experiencias negativas con mujeres. Nico sintió que había encontrado a sus mentores, y se preguntó cómo había sobrevivido tanto tiempo sin ellos. Él decidió que confrontaría a Marina e intentaría iniciar una conversación abierta y honesta. Esa noche, Nico apenas y durmió. Sus sueños daban vueltas con estas ideas e información recién descubiertas.

* * *

El aire del verano, vivificado con el olor de lilas y aguacate, le daba alas a Nico. La neblina perfumada se elevaba por encima de la gran biblioteca. Nico casi podía oír como las piezas del rompecabezas se acomodaban en su mente. Después de pasar una semana en profunda reflexión, él dio con la solución, brillante como el sol en el cielo. Él finalmente tenía las respuestas a todas sus preguntas. Nico sabía que finalmente había encontrado su verdad.

"Hmmm. Pasto recién cortado el olor del rocío de la mañana tardía", dijo suspirando Nico.

"¡Tengo hambre!", dijo Marina con humor, picando sus pestañas.

Ellos caminaron por la banqueta. "Tengo pollo frito, ensalada de papa y un Pinot Grigio frío", dijo él.

Marina engarzó su brazo con el de él, y se apoyó contra su hombro. "¿Tú lo hiciste?"

"Claro". Él la guió a una mesa de *picnic*.

"Qué lindo", dijo Marina mientras se sentaba.

"Disfruté al prepararlo". Nico puso un mantel de plástico y comenzó a sacar cosas del portaviandas.

"Suenas tan autosuficiente", dijo Marina, brindándole una sonrisa sexy. Ella pestañeó. "¿Te das cuenta, o no, que la vida es mejor al compartirla con otras personas?"

"Quieres decir, ¿con una familia?". Nico dispuso los platos desechables, vasos y tazones de plástico en la mesa, con precisión geométrica.

Marina chirrió como niña adolescente. "¡Sí!"

Nico deseaba decirle a Marina que recién había comenzado con su carrera. Él deseaba decir que no estaba listo para mantener a una familia. Pero en vez de ello, esperaría hasta el momento adecuado. Él le sonrió. "Gracias por decirme de tus hijos".

"Espero que no te haya molestado". Ella levantó su vasito.

Nico lo llenó, y luego el propio. "¿Por qué sería así?".

Ella bajó su cabeza.

"¿Qué edad tienen tus hijos?", le preguntó Nico, mientras veía el suntuoso césped verde. El día se había hecho tibio, y la sombra les brindaba fresco remanso.

Marina aclaró su garganta. "Las niñas tienen tres. Son gemelas. Y mi hijo justo cumplió cinco".

"¡Han de ser muy latosos!"

"Los niños son una bendición", dijo ella desafiantemente.

Nico tragó un bocado de pollo y lo bajó con un sorbo de vino. "¿Se parecen a su papá?".

Marina vio a lo lejos por un momento. Una pareja de corredoras pasaba la mesa de ellos, y Nico podía ver el sudor que manchaba sus apretadas remeras. Él no podía quitar los ojos de sus nalgas rebotando. Se percató que Marina estaba hablando nuevamente.

"Se parecen a mí y a sus papás". Ella resplandecía de orgullo.

Nico inquirió acerca de los padres de los niños de Marina. ¿Estos estaban en contacto regular con ella y los niños? "¿Cómo terminaste con los papás de tus hijos?". Nico tomó otra mordida de pollo y vio amistosamente a Marina.

Marina quedó silenciosa de momento. Luego vio a Nico a los ojos y dijo: "Te dije. Me fue mal".

"¿Qué ocurrió?"

"Fueron unos idiotas. Huyeron porque no tuvieron las agallas para responsabilizarse por nosotros. Es difícil encontrar un hombre de verdad".

"Así que, ¿te abandonaron, sola con los niños?"

Marina tomó un poco de vino. "El primer tipo me embarazó, y luego perdió su trabajo y no pudo encontrar nada nuevo. Era un bueno para nada. No quise quedarme con él. Me di cuenta de que, si él no nos podía mantener, me convenía no estar más con él. Deduje que podría encontrar a un hombre mejor". Ella respiró hondamente. "Él dijo que nos enviaría algo de dinero tan pronto encontrara un trabajo mejor, pero jamás volví a oír de él. Vaya perdedor". Marina sacudió su cabeza y frunció el ceño.

"Oh, así que el dinero es el criterio más importante para ti", dijo Nico, levantando sus cejas.

"Tengo tres hijos. Necesito estar con un hombre que gane bastante dinero".

Nico vio el contenido de su vasito. Ya entendía de qué se trataba con Marina. Intentó esconder su desilusión. "¿Por cuánto tiempo estuvieron juntos?".

"Seis meses"

"¿No piensas que habría sido inteligente esperar un poco más antes de comenzar una familia? ¿Qué hay del otro hombre?"

La cara de Marina palideció. "No le dije de mi hijo de inmediato".

"Me suena"

"Cuando finalmente le dije, replicó que estaba bien. Luego me embarazó con las gemelas. Así de repente ya teníamos tres niños. Se espantó y me di cuenta de que él quería irse". Marina parecía estar próxima a llorar.

Nico no se conmovió por su exhibición de emociones. Recordó que uno de los hombres en los videos de YouTube había relatado que las mujeres lloraban para obtener lo que querían. "¿Y entonces que hiciste?".

"Hice todo lo que estuvo a mi alcance para hacer que se quedara". Marina pasó una mano por su cabello. "Un día, él dijo que había encontrado un puesto en la Ciudad de Nueva York, pero que sería demasiado caro que toda la familia se mudara, así que él quería ir solo. Le dije que, si él me abandonaba, yo me mataría".

Nico comenzó a sudar frío. Se sintió desvanecido. "Diantres".

"Tenía tres hijos, y recién había cumplido los veintiunos. ¿Qué diablos iba a hacer si el tarado me abandonaba? Un par de días después, fui a visitar a mi madre. Cuando regresé, él se había ido. No lo he visto desde entonces. Él tampoco envía dinero. Se fue. Hijo de puta".

"Pero ¿no aceptas que en parte fue tu responsabilidad?"

Las fosas nasales de Marina se ensancharon. "¿*Mi* responsabilidad? Él fue un imbécil miedoso. Lo mismo que el primero".

El cuerpo de Nico se puso tenso. Él no supo que decir. Una ola de enfado, ansiedad y pena lo abrumó. Él vio el paisaje verde y se quedó callado por largo tiempo. Justo entonces, él sabía que todo entre él y ella había terminado. Él no le permitiría a ella esclavizarlo. Esos eran sus problemas, no de él.

Marina ladeó su cabeza. "¿No quieres tener hijos?" Eso sonó más una orden que una pregunta.

Un silencio frío los envolvió. Conforme Marina se acababa su vaso de vino, Nico se puso a calcular el costo de cada niño en su cabeza. Más, no era tan solo por el dinero. Él apenas tenía veinticinco años. Él seguía forjando su carrera. Había tantas cosas que no había hecho todavía. Bien podría manejar las cosas con un niño, pero ¿con tres? ¿Cuatro? Él no se sentía listo para comenzar una familia, sin pensar siquiera en cuidar tres niños que él no había traído al mundo.

Nico respiró profundamente. "Honestamente, creo que no debiéramos de volvernos a ver".

Marina alzó las cejas. Sus ojos denotaban enfado. "¿Qué?".

"Creo que tú ya has hecho bastantes malas elecciones. Yo no voy a hacer una más contigo".

"¡Amo a mis hijos! No quisiera que fuera diferente".

Nico comenzó a compadecerse por Marina. Él se recordó permanecer fuerte. "¿La vida con tres hijos no es estresante?".

"Pues sí, claro, pero mi mamá me ayuda".

Nico musitó. "¿Vives con tu mamá?".

"Sí". Su expresión era estoica.

Nico clavó su tenedor en la ensalada de papa. "Qué conveniente".

"Lo es", dijo Marina, sin notar el tono sarcástico de él. "Nos llevamos bastante bien". Ella me ayuda con los niños para que yo trabaje medio tiempo".

"¿Medio tiempo? ¿Entonces no tienes seguro médico?"

"Usamos el seguro de mi madre".

"¿Sabes que cuesta aproximadamente trescientos mil el criar a un niño desde el nacimiento hasta los dieciocho? ¿Cómo planeas mandar a tus hijos a la universidad?".

"Para entonces, probablemente estaré casada"

Nico sintió que el cabello de su nuca se erizaba. "Buena suerte. Yo no me casaría contigo, pero estoy seguro de que algún imbécil lo hará".

La cara de ella se puso blanca. "¿No crees que es tiempo de que crezcas? La vida no siempre va a ser acerca de ti mismo, Nico".

"¡¡Con un diablo, Marina!! Tengo veinticinco. Ni siquiera pienso acerca del matrimonio o los hijos en este momento"

Los ojos de Marina se abrieron al máximo. "Entonces, ¿solo me estabas usando?"

"Cariño, seamos realistas. ¿Quién está usando a quién?".

Ella extendió el brazo para palmear el dorso de la mano de él. "¿No deseas experimentar el placer de la paternidad?".

Nico se apartó de su tacto. "¡Yo no soy su padre! Son hijos de alguien más. Jamás me amarían ni respetarían".

"¡Eres igual que mis ex!" Ella estalló en llanto. "Me siento tan usada".

"¿*Tú* te sientes usada? ¿Y cómo crees que *yo* me siento? Deberías haber sido honesta conmigo desde un principio".

"¡Te amo!". Marina se enjugó los ojos y sonrió como si tuviera ya completamente resuelta la vida.

"No me interesa esa clase de amor". Nico recogió su basura y la puso en una bolsa de plástico. Un silencio incómodo cayó sobre ambos. Se vieron. Como si jamás se hubieran encontrado.

"Alguna vez pensé que eras una mujer hermosa. Pero eres una mentirosa. Las personas mentirosas son horrendas".

Sus ojos comenzaron a llenarse de lágrimas.

Nico se sintió enfurecido y más poderoso que nunca. "Ya espero masturbarme viendo porno en mi nueva TV de ochenta pulgadas. Será mil veces más real que coger contigo", dijo Nico en voz baja, y se retiró.

* * *

El conocer a Marina tuvo un impacto duradero en la perspectiva de Nico sobre las citas, las mujeres, y la vida en general. Y Nico se sentía agradecido por la transformación. Él dio crédito de su nuevo conocimiento y empoderamiento a los hombres del movimiento MGTOW. Hay millones de madres solteras que recorren Internet buscando seguridad para sus bebés. Cada día, miles de hombres son atraídos por la promesa de amor y sexo, rumbo a una vida de esclavitud. El hombre que se casa con una madre soltera, jamás será el número uno en su vida. Sus hijos serán los primeros en la lista. El rol de este, será el de proveedor. Su valor será tanto como el de su cuenta de banco.

Las apps y sitios de citas son lugares en que oportunistas, cazafortunas y estafadoras buscan a su víctima, con la carnada de sexo y afecto. Nico dilucidó que había una gran diferencia entre los perfiles en línea y las personas escondidas tras estos. Él borró todos sus perfiles y apps. En su lugar, se dedicó a conocer gente real a su alrededor. Nico se sorprendió de lo popular que se volvió. La gente gustaba de él por sus atributos únicos, y no solamente al considerarle una fuente de seguridad financiera. En poco tiempo, lo ascendieron en el trabajo. Su nuevo puesto involucraba el viajar a eventos de tecnología alrededor del mundo.

Cuando sus amigos visitaban Filadelfia, Nico acostumbraba darles recorridos de la ciudad. En Liberty Bell, él les contaría la historia de cómo casi se hizo el esclavo de una mujer y sus tres niños. A la edad de veintisiete, él descubrió que la vida de soltero le daba todo aquello que él podría desear. Él aún dedicó su tiempo y dinero a buscar mujeres, pero al mismo tiempo desarrolló intereses comunes con sus amigos. Nico amaba su carrera y le encantaba socializar. Cada año, él traía a un gran grupo de amigos a ver el juego de los Phillies y les agasajaba con hot-dogs y cerveza. Apartaba viajes anuales a Las Vegas donde él y sus amigos iban de juerga, dejando en Las Vegas lo que pasa en Las Vegas.

IBM le pagaba a él con opciones trimestrales de acciones. Nico comenzó a estar activo en el mercado de acciones, logrando éxito moderado pero consistente. No pasó mucho tiempo antes de que él fijara su atención en inversiones de largo plazo en fondos de inversión. Así que él logró vivir cómodamente, y por un tiempo le entretuvo la idea de comprar autos lujosos y otros bienes de lujo. Pero luego, pensó en el tipo de mujer que atraería tal imagen, y en su lugar decidió apegarse al transporte público y una bicicleta para el ejercicio cardíaco. Nico no quería invitar a ese tipo de mujer a su vida. Al menos, por no más de una noche.

Siempre que Nico tenía recuerdos de su encuentro con Marina, evocaba claramente la inseguridad de ella y ese acendrado miedo a la pobreza que la llevó a prostituir su cuerpo y sus emociones. Él juró que jamás alimentaría una relación que se basase básicamente en cualquier tipo de estrategia fiscal. Después de que su relación con Marina lo había forzado a cuestionar su actitud hacia el ser soltero, se dio cuenta de que ni estaba tan deseoso de liarse en una relación romántica. Él tenía veintisiete. Él debiera de estar allá afuera, jugando su juego, en vez de permitir ser anclado por los deseos y necesidades de una mujer.

Lecciones Aprendidas por Nicolás Esteves

1. Es fácil esconderse tras un perfil de citas. El medio propicia la deshonestidad. Los perfiles se pueden manipular, y las imágenes pueden retocarse. Ningún nivel de frecuencia o intensidad de mensajes puede revelar la auténtica personalidad de una persona. No todas las mujeres son oportunistas o cazafortunas, pero las mujeres con hijos provenientes de relaciones previas tendrán como prioridad la seguridad financiera para proveer a sus familias.

2. El sexo evoca muchas emociones potentes, y es fácil caer presa de la lujuria y confundir eso con amor. Una vez que ocurre, es difícil tomar decisiones pertinentes.

3. Al eliminar el elemento sexual de la relación, puedes encontrar la claridad mental para considerar las consecuencias de comprometerse con una obligación de por vida y su inversión y rendimientos respectivos.

4. En los Estados Unidos, en promedio, cuesta US $300,000.00 el criar a un niño o niña desde el nacimiento hasta los dieciocho. Este precio equivale al de una casa, y ni siquiera incluye el costo de la educación universitaria.

5. El asegurar los ingresos e inversión mejora la auto-estima.

6. El asistir a talleres o reuniones, enrolarse en clubs o asociaciones y participar en cualesquier actividades relacionadas con el estudio o trabajo te pone en contacto con personas de intereses afines a los tuyos. El conocerse en el mundo real proporciona la mejor forma de establecer relaciones cimentadas en la franqueza y honestidad.

El epílogo es el cierre a cargo del autor.

* * *

EPÍLOGO

Se me ha preguntado por qué tengo tanta pasión acerca del movimiento de liberación de los hombres. Hay muchas razones, pero creo que mis lentes críticos se moldearon a temprana edad. Yo vi como mi héroe personal, mi padre, se fletaba horas y horas, entre semana y los fines, para alimentar y vestir a mis hermanos, mi madre, y yo. Él trabajaba a pesar de la lluvia, fango, hielo y nieve, y jamás se tomó un día de descanso, ni siquiera cuando sufría lesiones causadas por el trabajo. Desafortunadamente, eso significó que él jamás vivió sus propios sueños; él sufrió de la exasperación y frustración de esclavizarse como único proveedor de la familia. Yo regalé a mi padre y madre boletos de primera clase y alojamiento en cualquier parte del mundo. Ellos escogieron visitarme. Cuando él falleció, tras décadas de trabajo duro, su vapuleado cuerpo y su rostro, desecado como una pasa, me hicieron ver que esa vida despojada de poder se cobraba en grande.

Una y otra vez, he presenciado arreglos similares en familias de individuos que he conocido o que han sido mis amigos. A lo largo de mi vida, he visto hombres que involuntariamente han sido consignados al rol de burro de carga--y poco más que eso. Yo planeé mi escape de esa fortuna en mis años de juventud. Viví la vida que mi padre nunca tuvo. Viajé por el mundo, gané buen dinero, invertí, construí cosas y disfruté al ir tras mis sueños. Mi vida ha sido un viaje en carrusel lleno de libertad, amor y éxito; he aprendido muchas cosas, especialmente sobre las cosas *que brindan* auténtica felicidad. Sobra decir que, el contar con recursos suficientes me ha permitido atender esa curiosidad, adentrarme en otras culturas y conocer a personas maravillosas. Deseo que todos ustedes experimenten un futuro así.

Recuerden: lo mejor aún está por venir.
Tim Patten

Fin
* * *

.

www.ingramcontent.com/pod-product-compliance
Lightning Source LLC
Chambersburg PA
CBHW071300220526
45468CB00001B/217